영어로 문장 만들기 훈련

1차 임계점

유은하

영어교육 전문가라는 타이틀이 어색하지 않을 만큼
방송, 강의, 저술 등 다양한 분야에서 그녀의 영어교육에 대한 사랑은 각별하다.
대학에서 영어교육학과 테솔을, 대학원에서 교육학을 전공한 그녀는
교육방송에서 수백 편의 프로그램에 직접 출연, 강의했으며,
인기 연예인의 영어 선생님으로, 영어 강사들의 강사로,
교육 콘텐츠 기획자로 활발하게 활동 중이다.
"영어로 문장 만들기는 챗GPT 시대에 가장 필요한 교육이다" 그녀의 단호한 이 한마디가
AI 시대에 우리가 영어를 공부해야 하는 진짜 목적과 목표를 말하고 있다.

영어로 문장 만들기 훈련 – 1차 임계점

지은이 유은하
초판 1쇄 발행 2024년 7월 15일
초판 6쇄 발행 2024년 12월 30일

발행인 박효상   **편집장** 김현   **기획·편집** 장경희, 이한경   **디자인** 임정현
마케팅 이태호, 이전희   **관리** 김태옥

기획·편집 진행 김현   **본문·표지 디자인** 고희선

종이 월드페이퍼   **인쇄·제본** 예림인쇄·바인딩

출판등록 제10-1835호   **발행처** 사람in   **주소** 04034 서울시 마포구 양화로 11길 14-10 (서교동) 3F
전화 02) 338-3555(代)   **팩스** 02) 338-3545   **E-mail** saramin@netsgo.com
Website www.saramin.com

책값은 뒤표지에 있습니다.
파본은 바꾸어 드립니다.

ⓒ 유은하 2024

ISBN
979-11-7101-087-5 14740
979-11-7101-086-8 세트

우아한 지적만보, 기민한 실사구시 사람in

영어로 문장 만들기 훈련

1차 임계점

유은하 지음

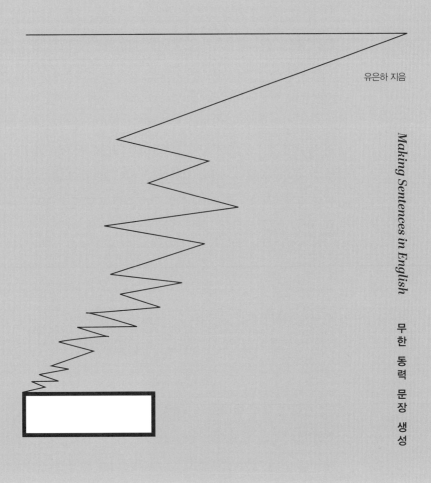

Making Sentences in English

무 한 동 력 문 장 생 성

사람in

결국 중요한 것은 영어 문장을 만드는 능력!

"ChatGPT가 단 몇 초 만에 영어로 다 번역해 주네요."

"자동 번역 프로그램이 있으니까
이제 영어 공부 안 해도 되죠?"

이 책을 보고 계신 여러분도 이런 이야기가 낯설지 않을 거예요. 무엇이든 물어보면 다 알려 주는 인공지능 시대에 지식을 가볍게 여기는 경향이 생기고, 내가 직접 학습할 필요성도 약해진 것이 사실입니다. 첨단기술과 좋은 영어 콘텐츠가 언제 어디에나 있기에 '진짜 영어 공부'에 대한 중요성이 흐려지는 것 같습니다. 하지만 그거 아세요? 나의 영어 실력에 따라 인공지능에서 얻을 수 있는 정보의 질과 종류가 달라진다는 걸요. 일을 시키는 것도 능력이라 똑똑하게 시켜야 내가 원하는 대로, 원하는 것 이상의 결과물을 얻을 수 있습니다. ChatGPT에 학습되고 저장된 정보와 지식은 대부분 영어 기반이라 '영어'로 입력해야 정확한 결과값을 얻을 수 있습니다. 이 시대에 우리에게 진짜 필요한 영어 실력은? 네, 바로 '영작', '영어로 문장 만들기'입니다.

"ChatGPT에게
한국어-영어 번역시키면 되지 않을까요?"

네! 그렇게 해도 됩니다만, AI가 나의 생각과 감정, 의도까지 정확히 표현해 주기에는 아직 역부족입니다. 또, 문장이 복잡하고 정교할수록, 내가 시킨 일을 AI가 잘했는지, 즉 이상한 다른 문장으로 만들지 않았는지 판단하고 취사 선택해야 합니다. 이때, 'AI라는 도구를 이용'하는 나는 더 좋은 영어 문장이 만들어졌는지 판단할 수 있는 실력을 갖추고 있어야 합니다. 제가 학생들의 엉터리 영어 문장을 수정해 주고 왜 이런 문장이 나왔냐고 물어봤다가 "번역기 돌렸어요", "ChatGPT한테 시켰어요" 이런 대답을 여러 번 들었답니다. 결국 영어 문장을 구성하고 글을 쓰는 능력이 중요하다는 것을 다시 한번 느꼈죠. 영어에서 자주 쓰이는 패턴과 문장 구조가 존재하지만 인간은 매일 새로운 문장을 창의적으로 만들어서 사용하고 있습니다. 우리가 언어를 사용하는 이러한 방식과 인간의 감성적인 측면까지 첨단 기술이 대신해 주지는 못합니다.

여러분의 생활, 업무 그리고 환경에 따라 원하고 목표하는 영어 실력은 개인마다 다를 것입니다. 하지만 누구나 공통적으로 원하는 것은 '내 생각을 제대로 말하고 쓸 수 있는 영어' 즉, 의사소통 영어입니다. 나의 생각과 감정을 정확하게 전달하려면 영어 문장을 만드는 능력을 키워야 하고 그러려면 '영어 문장 만들기 훈련이 답'이라는 결론에 이릅니다. 스피킹 실력 또한 영어 문장 만들기 훈련을 통해 향상될 수 있습니다. 평범한 한국인이 뒤늦게 배운 영어로 대화할 때 머릿속에서 어떤 현상이 일어나는지 생각해 보세요. 상대방 말을 이해하고 번역하느라 바쁘고, 다시 내가 할 말을 영어로 번역하느라 또 바쁩니다. 이것이 영어 학습자로서 우리들의 솔직한 상태가 아닌가 싶습니다. 영어가 자동 발사되는 것이 아니라 번역과 작문을 열심히 하고 있지요. 한국에서만 살던 누군가가 영어를 잘한다면 그 사람은 어느 날 갑자기 입에서 영어가 빵 터진 것이 아닙니다. 끊임없이 연습하고 소리 내어 말하고 암송하는 노력을 통해 그렇게 원래 영어를 잘하는 것처럼 보이는 것이죠. 영어 실력은 적절한 어휘로 영어 문장을 신속하고 정확하게 만들어 내는 속도에 달려 있습니다. 속도는 연습과 훈련을 통해 상승하고요.

저는 이 책을 통해 여러분에게 진짜 영어 실력을 키워 드릴 것입니다. 어떤 학습이든 항상 첫 단계가 중요하죠. 먼저, 내가 아는 것과 모르는 것을 구분하여 내가 모르는 영역을 확인하고 이를 보충해야 합니다. 요즘 영어 교육 콘텐츠와 학습 자료가 얼마나 많이 넘쳐나요. 이것저것 시청하고 흘려 듣다 보면 정작 내가 무엇을 알고 모르는지 체크하기 어렵습니다. 심지어 영어 문장들을 많이 보고 듣다 보면, 나 스스로 쉽게 영작할 수 있다는 착각마저 듭니다. 그러다가 정작 영어 문장을 내 힘으로 만들어야 하는 순간에는 생각만큼 영어가 잘 나오지 않아 머릿속이 하얘지는 현상이 나타나죠. 그동안 여러분이 영어 강의 듣기, 흘려 듣기처럼 입력 중심, 수동적인 학습을 주로 하셨다면 이제는 인풋이 아닌 아웃풋 중심의 영어 공부에 집중해야 합니다. 영어 문장을 만드는 것, 손으로 쓰면 영작이고 입으로 하면 스피킹이며, 이 둘은 아웃풋 활동입니다. 아웃풋 해 보면 금방 알아요. 내가 이 문장을 만드는 데 무엇을 알고, 무엇을 모르고 있는지요. 쉽다고 생각한 영어 문장 만들기가 쉽지 않다는 것도 직접 해 봐야 압니다.

조금 귀찮고 불편하더라도 내 손으로 직접 쓰면서 완성한 문장이 더 오래 남고 결국 내 것이 됩니다. 이 책은 그 수고스러움이 결국엔 여러분의 영어 근육을 키워 주는 일등공신이 된다는 것을 알려 줄 것입니다. 무엇보다 스스로 문장을 많이 만들어 봐야 영작 실력이 느는데, 그 진리를 알면서도 실천하기 어려우셨을 거예요. 여러분이 포기하지 않고 끝까지 여러분의 글씨로 가득 채울 수 있도록, 저는 이 책 안에 영작 길라잡이를 촘촘히 만들어 놓았습니다.

이 책의 모든 문장을 스스로 만들어 보고 온전히 여러분의 것으로 만드세요. 매일 스스로 영어 문장을 만들고 글을 쓰다 보면 생각을 정리하고 문제를 해결하는 능력마저 강화될 것입니다. 영어 문장을 만들어 쓰는 것 자체가 문제 해결 능력을 키우는 과정이니까요. 저도 이 책을 만드는 과정에서 같은 경험을 했습니다. 무엇이든 끝까지 해내면 승리합니다. 성실함이 이깁니다. 모든 문장을 여러분의 손으로 쓰고 채워 넣어 답지와 비교해 보시고 완전히 소화시키세요. 영작 능력은 꾸준한 연습의 결과물입니다. 이 책이 유용하고 친절한 연습지가 되어 여러분의 영어 근육을 키우고, 영어식 사고를 더욱 발전시키는 데 도움이 되기를 바랍니다. 끝으로 이 책이 나올 수 있도록 정성을 쏟아 주신 사람in 출판사의 김현 편집장님과 출판사 임직원분들께 진심으로 감사드립니다.

저자 유은하

⟨영어로 문장 만들기 훈련 – 1차 임계점⟩은 학습자가 문장 만들기 훈련을 끝까지 해내지 못하는 이유가 무엇인지를 철저히 분석한 훈련서입니다.

1 한국인 학습자에게 보이는 배려심

영어식 사고가 안 되는 한국인 학습자들의 문장 쓰기 과정을 고려해, 책에 나온 모든 한국어 문장이 영어 문장 구조로 전환되는 걸 보여 줍니다.

2 자신도 모르게 입력되는 영어 문장 구조

영어 문장을 쓸 때 '주어 + 서술어'부터 시작할 수 있게 문장 구조를 체화시킵니다.

3 실력이 쌓이는 기분 좋은 반복

기본 문장만큼은 여러 번 반복해 써서 손에 익게 합니다.

4 포기하지 않게 도와주는 친절한 힌트

표현만 해결되면 앞으로 나아갈 수 있는 독자들을 위해 힌트 표현을 곳곳에 두었습니다.

5 할 만하다 여겨지는 점진적 구성

기본 문장 쓰기 → 유제 문장 쓰기(기본 문장에서 표현만 바꾼 문장들) → 유제 응용 문장 쓰기(유제 문장에 나온 표현을 섞은 문장) → 응용 문장(힌트 표현들로 다양하게 써 보는 응용 문장들) 구성으로 차근차근 해 나갈 수 있습니다.

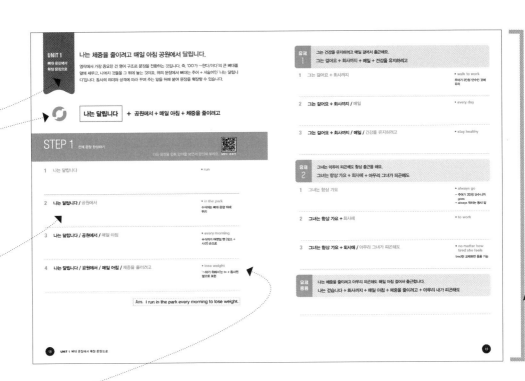

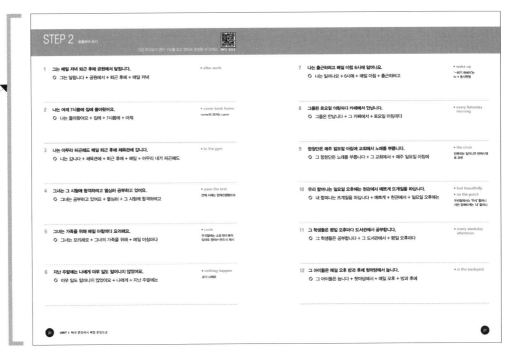

PART 2 영어다운 영작

WARM-UP 영어로 문장 만들기가 훨씬 쉬워지는 2가지 원칙

〈영어로 문장 만들기 훈련 – 1차 임계점〉의 본격적인 훈련에 앞서 영어 문장 만들기가 훨씬 쉬워지는 2가지 원칙을 제시합니다. 한국어 문장을 보거나 떠올리고 영어 문장을 쓰다 보면 만족스럽게 전환되지 않을 때가 있지요. 먼저 한국어와 영어의 가장 큰 차이점을 이해하는 것이 중요합니다. 가장 큰 차이점은 '어순(word order)'이며, 이것이 영어로 문장 만들기의 처음이자 끝입니다. 정확한 어휘와 표현을 영어 어순에 맞게 배열하는 것이 기본 중의 기본입니다.

첫째, 영어는 아무리 긴 문장도 거의 무조건 '주어 + 서술어'부터

우리말은 주어 뒤에 다양한 목적어 및 수식어구가 나오고 문장의 결론을 말해 주는 서술어가 맨 마지막에 옵니다. 반면에 영어는 문장이 아무리 길고 복잡해도 '주어 + 서술어' 형태가 기본 뼈대입니다.

| 한국어 | **나는** | 체중을 줄이려고 매일 아침 공원에서 | **달립니다** . |

| 영어 | **I run** | in the park every morning to lose weight. |

영어 문장이 아무리 길어도 기본 뼈대인 '주어 + 서술어'부터 쓰고 나면 그 뒤에 수식어구는 쉽게 만들어집니다. 서술어에 쓰인 동사가 그 다음에 어떤 표현이 올지를 결정하므로 뼈대 문장부터 세우는 것이 빠르고 정확한 영작을 도와줍니다.

둘째, 문장의 주어를 반드시 쓸 것

우리말은 주어를 빈번하게 생략합니다. 주어뿐 아니라 목적어 등의 표현이 정확하지 않아도 이로 인한 의사소통의 불편함이 없습니다. 하지만 영어는 문장에 주어, 목적어 등이 꼭 있어야 합니다.

한국어 그 소식을 듣게 되어 **유감입니다** . (생략된 주어는?)

영어 **I am sorry** to hear that.

우리말은 '제가 유감입니다'에서 주어 '제가'를 생략합니다.

한국어 그 책은 **가져가도 됩니다** . ('그 책은'이 주어?)

이 문장은 영어식 사고로 전환해 줘야 합니다.
→ **당신은/우리는 그 책을 가져가도 됩니다.**
주어 – '당신은/우리는', 대상어 – '그 책을'

영어 **You can take** that book with you.

영어 문장에는 주어가 반드시 있어야 하며, 우리말처럼 주어나 대상어의 어순이 바뀌면 안됩니다. 영어 문장에서 단어들의 순서가 바뀌면 의사소통에 혼란이 생깁니다.

영작은 우리말을 영어 문장으로 만드는 일이므로 한국어와 영어 사이에 눈에 띄는 2가지 차이점을 먼저 이해하는 것이 영작 훈련을 꾸준히 해나가는 데 도움이 됩니다. 이 책은 영작의 기초부터 중급 과정 도움닫기까지 담은 영작 교재입니다. 긴 문장도 쉽게 영작할 수 있는 능력을 키워 영작에 자신감을 가지도록 여러분을 이끌어 줄 것입니다.

PART 1

영작의 BASE

CHAPTER 1

뼈대 문장에서 확장 문장으로

나는 체중을 줄이려고 매일 아침 공원에서 달립니다.

영작에서 가장 중요한 건 영어 구조로 문장을 전환하는 것입니다. 즉, 'OO가 ～한다/이다'의 큰 뼈대를 앞에 세우고, 나머지 것들을 그 뒤에 놓는 것이죠. 위의 문장에서 뼈대는 주어 + 서술어인 '나는 달립니다'입니다. 동사의 의미와 성격에 따라 꾸며 주는 말을 뒤에 붙여 문장을 확장할 수 있습니다.

나는 달립니다 + 공원에서 + 매일 아침 + 체중을 줄이려고

STEP 1 전체 문장 완성하기

다음 문장을 힌트 단어를 보면서 완성해 보세요. **MP3 001**

1 나는 달립니다

• run

---

2 **나는 달립니다** / 공원에서

• in the park
수식어는 뼈대 문장 뒤에 위치

---

3 **나는 달립니다** / **공원에서** / 매일 아침

• every morning
수식어가 여럿일 땐 [장소 + 시간] 순으로

---

4 **나는 달립니다** / **공원에서** / **매일 아침** / 체중을 줄이려고

• lose weight
'～하기 위해서'는 to + 동사원형으로 표현

Ans. I run in the park every morning to lose weight.

유제 1	그는 건강을 유지하려고 매일 걸어서 출근해요.
	그는 걸어요 + 회사까지 + 매일 + 건강을 유지하려고

1   그는 걸어요 + 회사까지

- **walk to work**

주어가 3인칭 단수인 것에 주의

2   그는 걸어요 + 회사까지 / 매일

- **every day**

3   그는 걸어요 + 회사까지 / 매일 / 건강을 유지하려고

- **stay healthy**

유제 2	그녀는 아무리 피곤해도 항상 출근을 해요.
	그녀는 항상 가요 + 회사에 + 아무리 그녀가 피곤해도

1   그녀는 항상 가요

- **always go**
  - 주어가 3인칭 단수니까 goes
  - always 위치는 동사 앞

2   그녀는 항상 가요 + 회사에

- **to work**

3   그녀는 항상 가요 + 회사에 / 아무리 그녀가 피곤해도

- **no matter how tired she feels**

tired만 교체하면 응용 가능

유제 응용	나는 체중을 줄이려고 아무리 피곤해도 매일 아침 걸어서 출근합니다.
	나는 걷습니다 + 회사까지 + 매일 아침 + 체중을 줄이려고 + 아무리 내가 피곤해도

1 그는 매일 저녁 퇴근 후에 공원에서 달립니다.

   그는 달립니다 + 공원에서 + 퇴근 후에 + 매일 저녁

• after work

---

2 나는 어제 7시쯤에 집에 돌아왔어요.

   나는 돌아왔어요 + 집에 + 7시쯤에 + 어제

• come back home
come의 과거는 came

---

3 나는 아무리 피곤해도 매일 퇴근 후에 체육관에 갑니다.

   나는 갑니다 + 체육관에 + 퇴근 후에 + 매일 + 아무리 내가 피곤해도

• to the gym

---

4 그녀는 그 시험에 합격하려고 열심히 공부하고 있어요.

   그녀는 공부하고 있어요 + 열심히 + 그 시험에 합격하려고

• pass the test
전체 시제는 현재진행형으로

---

5 그녀는 가족을 위해 매일 아침마다 요리해요.

   그녀는 요리해요 + 그녀의 가족을 위해 + 매일 아침마다

• cook
우리말에는 소유격이 빠져
있어도 영어는 반드시 제시

---

6 지난 주말에는 나에게 아무 일도 일어나지 않았어요.

   아무 일도 일어나지 않았어요 + 나에게 + 지난 주말에는

• nothing happen
과거 시제로

---

7 나는 출근하려고 매일 아침 6시에 일어나요.

🔄 나는 일어나요 + 6시에 + 매일 아침 + 출근하려고

• wake up

'~하기 위해서'는
to + 동사원형

---

8 그들은 토요일 아침마다 카페에서 만납니다.

🔄 그들은 만납니다 + 그 카페에서 + 토요일 아침마다

• every Saturday
  morning

---

9 합창단은 매주 일요일 아침에 교회에서 노래를 부릅니다.

🔄 그 합창단은 노래를 부릅니다 + 그 교회에서 + 매주 일요일 아침에

• the choir

반복되는 일이니까 현재시제
로 표현

---

10 우리 할머니는 일요일 오후에는 현관에서 예쁘게 뜨개질을 하십니다.

🔄 내 할머니는 뜨개질을 하십니다 + 예쁘게 + 현관에서 + 일요일 오후에는

• knit beautifully

• on the porch

우리말에서는 '우리' 할머니
지만 정확하게는 '내' 할머니

---

11 그 학생들은 평일 오후마다 도서관에서 공부합니다.

🔄 그 학생들은 공부합니다 + 그 도서관에서 + 평일 오후마다

• every weekday
  afternoon

---

12 그 아이들은 매일 오후 방과 후에 뒷마당에서 놉니다.

🔄 그 아이들은 놉니다 + 뒷마당에서 + 매일 오후 + 방과 후에

• in the backyard

오늘 여기서 당신을 봐서 기뻐요.

우리말의 '기쁘다'는 그 자체로 서술어 역할을 하지만, 영어에서는 이것을 'be동사 + 기쁜(happy)'으로 표현합니다. 즉, happy만으로는 서술어가 될 수 없다는 뜻이지요. 이때 happy 대신에 다양한 형용사를 넣어 주어의 감정이나 기분을 설명할 수 있어요. 이 문장에서는 주어가 없지만 '나는'이 주어라는 것을 알 수 있어요. 그래서 영어 문장을 만들 때는 반드시 주어를 표시해야 합니다. 그렇게 뼈대 문장을 세운 다음 그 뒤에 수식어구를 붙이면 더 긴 문장을 만들 수 있습니다.

나는 기뻐요	+ 당신을 봐서 + 여기서 + 오늘

STEP 1 전체 문장 완성하기

다음 문장을 힌트 단어를 보면서 완성해 보세요. **MP3 002**

1 나는 기뻐요

• **happy**
주어에 맞는 be동사 뒤에 보충어 happy 넣기

---

2 나는 기뻐요 / 당신을 봐서

• **see you**
happy한 이유는 'to + 동사원형'으로 나타내며, 이때는 '~하니'의 의미

---

3 나는 기뻐요 / 당신을 봐서 / 여기서

• **here**

---

4. 나는 기뻐요 / 당신을 봐서 / 여기서 / 오늘

• **today**
수식어가 여럿일 땐 [장소 + 시간] 순으로

Ans. I'm happy to see you here today.

유제 1	그는 Tom으로부터 그 소식을 듣고 깜짝 놀랐어요. 그는 깜짝 놀랐어요 + 그 소식을 들어서 + Tom으로부터

1 그는 깜짝 놀랐어요

- surprised

'깜짝 놀란'의 surprised는
형용사

---

2 그는 깜짝 놀랐어요 / 그 소식을 들어서

- hear the news

---

3 그는 깜짝 놀랐어요 / 그 소식을 들어서 / Tom으로부터

- from Tom

소식의 출처는 Tom이므로
전치사 from으로 연결

유제 2	내일 취업 면접 때문에 긴장돼요. 나는 긴장돼요 + 그 취업 면접 때문에 + 내일

1 나는 긴장돼요

- nervous

주어 + be동사 + 형용사

---

2 나는 긴장돼요 / 그 취업 면접 때문에

- the job interview

'~에 긴장되는'은
nervous about ~

---

3 나는 긴장돼요 / 그 취업 면접 때문에 / 내일

- tomorrow

시간 표현은 주로 문장 끝에
위치

유제 응용	그녀는 전 남자 친구에 대한 소식을 듣고 깜짝 놀랐어요. 그녀는 깜짝 놀랐어요 + 그 소식을 들어서 + 그녀의 전 남자 친구에 대한	• ex-boyfriend

---

1 그녀는 곧 있을 콘서트 때문에 신이 나 있어요.

    ↻ 그녀는 신이 나 있어요 + 곧 있을 그 콘서트 때문에

- the upcoming concert

'~에 신난, 흥분한'은 excited about ~

---

2 이번에 승진하신 것 정말 잘됐어요.

    ↻ 정말 잘됐어요 + 당신의 승진에 + 이번에

- promotion
- this time

'~라서 정말 잘됐어요'는 I'm so happy for ~

---

3 나는 내일 발표할 준비가 되었어요.

    ↻ 나는 준비가 되었어요 + 그 발표를 위한 + 내일

- the presentation

'~할 준비가 된'은 ready for ~

---

4 나는 뉴욕으로 떠날 준비가 되었어요.

    ↻ 나는 준비가 되었어요 + 뉴욕으로 떠날

- leave for New York

ready 뒤에 동사가 올 때는 to + 동사원형

---

5 내 동료 때문에 화가 납니다.

    ↻ 나는 화가 납니다 + 내 동료 때문에

- colleague

'~에 속상한, 화난'은 upset about ~

---

6 나는 회의에서 그의 태도에 화가 납니다.

    ↻ 나는 화가 납니다 + 그의 태도에 + 회의에서

- attitude
- at the meeting

7 나는 그의 끊임없는 변명에 질렸어요.

    ⟳ 나는 질렸어요 + 그의 끊임없는 변명들에

- constant excuses

'~에 질린, 지긋지긋한'은
sick and tired of ~

---

8 나는 그녀의 잔소리가 지긋지긋해요.

    ⟳ 나는 지긋지긋해요 + 그녀의 잔소리가

- nagging

---

9 귀찮게 해서 미안해요.

    ⟳ 나는 미안해요 + 당신을 귀찮게 해서

- bother you

미안한 이유를 동사로 연결
할 때는 to + 동사원형

---

10 그 소식을 듣게 되어 유감입니다.

    ⟳ 나는 유감입니다 + 그 소식을 듣게 되어

- hear that news

sorry는 '안된, 유감스러운'의
의미로도 자주 쓰임

---

11 그 설명서는 명확하고 따라가기 쉬워요.

    ⟳ 그 설명서는 명확하고 쉽습니다 + 따라가기에

- instructions
- clear and easy

– '따라가기에'는 to follow
– 'to + 동사원형'은 '~해서'
  라는 의미도, '~하기에'
  라는 의미도 표현

---

12 그들의 새로운 노래는 귀에 쏙쏙 들어오고 춤추기에 재미있어요.

    ⟳ 그들의 새로운 노래는 귀에 쏙쏙 들어와요 + 그리고 + 재미있습니다 + 춤추기에

- catchy and fun

노래에 맞춰 춤추므로
'춤추기에 재미있는'은
fun to dance to

UNIT 3
뼈대 문장에 보충어를 더해 확장 문장으로 2

당신, 오늘 그 재킷을 입으니 아주 멋져 보여요.

길어 보이는 문장도 주어 + 서술어부터 뼈대를 세우면 영작하기가 쉬워집니다. You look ~(당신 ~해 보여요)처럼 주어가 어떤 상태로 보이는지 look 뒤에 형용사를 써서 보충해 주면 문장이 완성되지요. 더 길게 말하고 싶으면 수식어구를 뒤에 붙이면 됩니다.

| 당신은 보여요 | + 아주 멋진 상태로 + 그 재킷을 입으니 + 오늘 |

STEP 1 전체 문장 완성하기

다음 문장을 힌트 단어를 보면서 완성해 보세요. MP3 003

1 당신은 보여요

• look
여기서 look은 '보다'라는 뜻이 아닌 '(어떤 상태로) 보이다'의 의미

---

2 당신은 보여요 / 아주 멋진 (상태로)

• so gorgeous
so는 뒤에 오는 gorgeous를 강조

---

3 당신은 보여요 / 아주 멋진 (상태로) / 그 재킷을 입으니

• in that jacket
어떤 옷을 입은 상태를 표현할 때는 'in + 옷 명사'

---

4 당신은 보여요 / 아주 멋진 (상태로) / 그 재킷을 입으니 / 오늘

• today

Ans. You look so gorgeous in that jacket today.

<table>
<tr><td>유제
1</td><td>그녀가 그런 말을 할 때 조금 슬퍼 보여요.
그녀는 보여요 + 약간 슬픈 상태로 + 그녀가 그런 말을 할 때</td></tr>
</table>

1 그녀는 보여요

- look
주어가 3인칭 단수인 점에 주의

2 그녀는 보여요 / 조금 슬픈 (상태로)

- a little sad
a little이 형용사 sad를 수식

3 그녀는 보여요 / 조금 슬픈 (상태로) / 그녀가 그런 말을 할 때

- when she says that
when + 주어 + 동사로 '~할 때'를 표현

<table>
<tr><td>유제
2</td><td>당신은 웃을 때 당신 어머니처럼 보입니다.
당신은 보입니다 + 당신의 어머니처럼 + 당신이 웃을 때</td></tr>
</table>

1 당신은 보입니다

- look

2 당신은 보입니다 / 당신의 어머니처럼

- like your mother
 – look like + 명사는 '~처럼 보이다'
 – look + 형용사는 '~한 상태로 보이다'

3 당신은 보입니다 / 당신의 어머니처럼 / 당신이 웃을 때

- smile

<table>
<tr><td>유제
응용</td><td>당신, 그거 입으면 10대처럼 보여요.
당신은 보여요 + 10대처럼 + 당신이 그것을 입으면</td></tr>
</table>

- a teenager
- wear that
접속사 when으로 연결

1 당신은 영어 공부할 때 행복해 보여요.

    당신은 보여요 + 행복한 (상태로) + 당신이 공부할 때 + 영어를

   • study English

look 뒤에 오는 보충어는 형용사

---

2 그는 아침에 우울해 보입니다.

    그는 보입니다 + 우울한 (상태로) + 아침에

   • gloomy

주어가 3인칭 단수인 점에 주의

---

3 오늘 당신 목소리가 좀 다르게 들립니다.

    당신은 들립니다 + 좀 다른 (상태로) + 오늘

   • sound

   • different

상대방의 목소리나 말하는 방식에 대해 표현할 때는 You sound + 형용사

---

4 그거 제가 듣기엔 좋아요.

    그것은 들려요 + 좋은 (상태로) + 나에게

   • to me

주어가 3인칭 단수

---

5 그거 좋은 생각처럼 들려요.

    그것은 들려요 + 좋은 생각처럼

   • a good idea

'like(~처럼) + 명사' 형태로

---

6 긴 운동 후에는 피곤함을 느껴요.

    나는 느껴요 + 피곤한 (상태로) + 긴 운동 후에

   • after the long workout

어떤 상태로 느끼는지 feel 뒤에 형용사로 보충

---

7 난 클래식 음악을 들으면 마음이 편안해요.

    ↻ 나는 느껴요 + 편안한 (상태로) + 내가 들을 때 + 클래식 음악을

• classical music
'스트레스가 풀리는' '마음이 편해지는'은 relaxed

---

8 그건 어제 같아요. (얼마 되지 않은 것 같아요.)

    ↻ 그건 느껴져요 + 어제처럼

• feel like

---

9 그가 빵을 굽고 있을 때는 주방에서 아주 좋은 냄새가 납니다.

    ↻ 그 주방은 냄새가 납니다 + 아주 좋은 + 그가 굽고 있을 때 + 빵을

• smell wonderful
• he's baking
'~한 냄새가 나다'는 smell + 형용사

---

10 이 양초는 라벤더 냄새가 납니다.

    ↻ 이 양초는 냄새가 납니다 + 라벤더 같은

• candle
• lavender

---

11 이 쿠키들은 집에서 만든 맛이 납니다.

    ↻ 이 쿠키들은 맛이 납니다 + 집에서 만든

• homemade
어떤 맛이 나는지 동사 taste 뒤에 형용사 보충어

---

12 이 비건 버거는 진짜 고기 맛이 납니다.

    ↻ 이 비건 버거는 맛이 납니다 + 진짜 고기 같은

• vegan burger
• real meat
taste like 뒤에 명사 형태

우리는 저녁 식사 후에 항상 차를 마셔요.

뼈대 문장인 주어 + 서술어에서, 서술어로 쓰인 동사의 성격과 의미에 따라 대상어가 필요한 경우가 있습니다. 위의 문장에서 '우리는 마셔요' 다음에 '무엇을'에 해당하는 말이 바로 대상어입니다. 즉, 동사의 동작이 미치는 대상, 동작의 대상(object)이 되는 말로 문법에서는 '목적어'라고 하지요. 하지만 동사의 동작이 미치는 '대상'으로 이해하는 것이 더 쉽고 정확합니다. 주어 + 서술어 뒤에 대상어까지 붙여 문장을 확장할 수 있습니다.

| 우리는 항상 마셔요 | + 차를 + 저녁 식사 후에 |

STEP 1 전체 문장 완성하기

다음 문장을 힌트 단어를 보면서 완성해 보세요. **MP3 004**

1 우리는 항상 마셔요

- always
- drink
always 위치는 동사 앞

2 우리는 항상 마셔요 / 차를

- tea

3 우리는 항상 마셔요 / 차를 / 저녁 식사 후에

- after dinner
시간 표현은 대부분
문장 뒤의 부분에 위치

Ans. We always drink tea after dinner.

유제 1	나는 작년에 파리에서 좋은 시간을 보냈어요. **나는 가졌어요 + 좋은 시간을 + 파리에서 + 작년에**

1 나는 가졌어요

• **have**
전체 시제는 과거로,
have의 과거형은 had

2 **나는 가졌어요** / 좋은 시간을

• **a good/great time**

3 **나는 가졌어요** / **좋은 시간을** / 파리에서 / 작년에

• **in Paris**
도시명 앞에 in을 붙여
'~에서'

유제 2	그는 어제 친구들과 도서관에서 영어를 공부했어요. **그는 공부했어요 + 영어를 + 그의 친구들과 + 도서관에서 + 어제**

1 그는 공부했어요

• **study**
study의 과거형은 studied

2 **그는 공부했어요** / 영어를

• **English**

3 **그는 공부했어요** / **영어를** / 그의 친구들과 / 도서관에서 / 어제

• **with his friends**
• **at the library**
수식어가 여럿일 땐
[장소 + 시간] 순으로

유제 응용	나는 작년 여름에 유럽에서 친구들과 좋은 시간을 보냈어요. **나는 가졌어요 + 멋진 시간을 + 내 친구들과 + 유럽에서 + 작년 여름에**	• **last summer**

다음 우리말의 영어 구조를 보고 영어로 문장을 써 보세요. **MP3 004**

---

1 나는 점심 식사 후에 설거지를 했어요.

    ↻ 나는 씻었어요 + 그릇들을 + 점심 식사 후에

• wash the dishes
과거 시제로

---

2 그녀는 잠자기 전에 소설책을 읽어요.

    ↻ 그녀는 읽어요 + 소설책 하나를 + 잠자기 전에

• a novel
• before bedtime
주어가 3인칭 단수인 것에
주의

---

3 우리는 매주 토요일에 집을 청소해요.

    ↻ 우리는 청소해요 + 우리의 집을 + 매주 토요일에

• every Saturday

---

4 그는 점심시간 동안 이메일에 답장해요.

    ↻ 그는 답장해요 + 이메일들에 + 점심시간 동안에

• during lunch break
이메일, 전화에 답하는 건
answer

---

5 우리는 여행할 때 새로운 장소들을 탐험해요.

    ↻ 우리는 탐험해요 + 새로운 장소들을 + 우리가 여행할 때

• explore
• travel
'~할 때, ~일 때'는 접속사
when을 써서 표현

---

6 우리는 어젯밤에 그 영화를 재미있게 봤어요.

    ↻ 우리는 즐겼어요 + 그 영화를 + 어젯밤에

• enjoy
enjoy는 '재미있게 보다, 맛
있게 먹다'의 의미로 활용

---

7 그녀는 날이 흐릴 때 우산을 가지고 다녀요.

　　⟳　그녀는 가지고 다녀요 + 우산 하나를 + 날이 흐릴 때

- carry
- it's cloudy

carry의 3인칭 단수형은 carries

---

8 그들은 그 프로젝트를 제시간에 끝냈어요.

　　⟳　그들은 끝냈어요 + 그 프로젝트를 + 제시간에

- finish
- on time

과거 시제로

---

9 수업 후에 그와 내 간식을 나눠 먹었어요.

　　⟳　나는 나눠 먹었어요 + 내 간식을 + 그와 함께 + 수업 후에

- share my snacks

---

10 그들은 오늘 아침 공원에서 개를 산책시켰어요.

　　⟳　그들은 산책시켰어요 + 그들의 개를 + 공원에서 + 오늘 아침

- walk

walk는 '산책시키다'의 의미도 포함

---

11 그는 작년 겨울에 대부분의 시간을 뉴욕에서 보냈어요.

　　⟳　그는 보냈어요 + 대부분의 그의 시간을 + 뉴욕에서 + 작년 겨울에

- spend most of his time

spend의 과거형은 spent

---

12 그녀는 오늘 오후 그 카페에서 친구들을 만났어요.

　　⟳　그녀는 만났어요 + 그녀의 친구들을 + 그 카페에서 + 오늘 오후에

- meet
- at the café

meet의 과거형은 met

WRITING TIPS

Q 관사(a, an, the)는 언제 어떻게 써야 하나요?

A 영작을 하다 보면 언제 명사 앞에 a/an을 붙여야 할지, the를 붙여야 할지 헷갈릴 때가 많아요. 관사에 관한 기본 규칙을 익히고 다양한 문맥과 예문을 통해 영어 관사 사용에 관한 감각을 기르는 것이 중요합니다.

1. 부정관사 a / an

* 셀 수 있는 명사가 하나일 때
* '여럿 중의 하나'라는 뜻으로 특정되지 않은 사람 또는 사물을 표현할 때 씁니다.

I saw **a dog** in the park.
공원에서 개를 봤어요.
→ 특정되지 않은, 이 세상의 많은 개 중 하나를 본 경우예요.

I have **a cat**. **The cat** is sleeping now.
나는 고양이 한 마리를 키워요. 그 고양이가 지금 자고 있어요.
→ 내가 키우는 고양이에 대해 처음 말할 때는 I have a cat.이라고 하고, 다시 그 고양이에 대해 언급할 때는 the를 붙여 앞서 말한 그 특정한 고양이임을 알려 줍니다.

2. 정관사 the

* 특정한 것, 구체적인 것을 표현할 때
* 화자와 청자 모두가 아는 특정한 것을 언급할 때 씁니다.

The book you lent me was great.
당신이 빌려준 그 책은 훌륭했어요.

* 단수 및 복수 명사 앞에 모두 올 수 있어요.

The apple on the table is for you. **The apples** on the table are for you.
탁자 위의 사과는(사과들은) 너 먹으라고 놔 둔 거야.
→ 탁자 위의 사과라는 특정한 사물로 한정되므로 the를 같이 써야 합니다

* 최상급 및 서수도 특정적, 구체적인 것이므로 the와 함께 씁니다.

She is **the best** player on the team.
그녀는 팀에서 최고의 선수입니다.

It's **the third** time I've visited this place.
이곳을 방문한 게 이번이 세 번째입니다.

* 유일한 것, 독특한 것들은 명사 앞에 the를 써서 그 의미를 한정시켜 줍니다.

the sun, **the** earth, **the** Eiffel Tower, **the** president

3. 관사 없이 쓰는 경우

* 어떤 명사를 일반적인 의미로 지칭할 때는 관사 없이 복수형으로 씁니다.
  셀 수 없는 명사는 단수 취급하므로 단수형으로 표현합니다.

Books are a great source of knowledge.
책은 지식의 훌륭한 원천입니다.

Plants need light to grow.
식물은 자라려면 빛이 필요해요.

Coffee is delicious.
커피는 맛있어요.

* 대부분의 고유명사는 관사 없이 씁니다.
  Mount Everest 에베레스트 산, Jupiter 목성, Shakespeare 셰익스피어

* 국가 이름, 도시 이름은 관사 없이 씁니다.

France is beautiful.
프랑스는 아름답습니다.
예외: the Netherlands, the United States

4. 그때 그때 달라지는 관사 사용

* life / the life / a life / lives

Life is short.
인생은 짧다.
→ 이 문장에서 life는 셀 수 없는 명사라서 a를 붙일 수 없으며, 일반적인 의미의 '인생'을 말하므로 the와 함께 쓰지 않아요.

The life of the working classes
노동자 계층의 삶
→ 여기에서 life는 일반적인 의미인 모두의 삶을 언급하는 것이 아니라 노동자 계층의 특정적인 삶을 지칭하므로 the와 함께 씁니다.

She lived **a long life**.
그녀는 장수했어요.
→ 하나의 삶, 일생을 뜻하므로 a life로 표현합니다.

They saved many **lives**.
그들은 많은 생명들을 구했어요.
→ 여기에서 life는 '생명'이라는 뜻으로 추상 명사가 아니고 셀 수 있는 명사입니다.

영어 학습자 입장에서 관사의 사용법을 익히는 것이 까다롭게 느껴지는 것이 사실입니다. 하지만! 연습하면 익숙해집니다. 미묘한 규칙들을 다양한 예문을 통해 익히는 연습이 필요해요. 우리가 함께하는 영작문을 통해 어느덧 관사에 대한 감각이 생기고 영어 문장도 더 자신 있게 써질 겁니다!

내가 아는 모든 것을 당신에게 말해 줄게요.

긴 문장일수록 뼈대부터 잡으면 영작이 쉬워집니다. '내가 말해 줄게요' 다음에 필요한 말은 '누구에게' + '무엇을'입니다. 동사의 성격상 주어 + 서술어 뒤에 이렇게 두 가지 요소가 나란히 열거되어야 문장이 확장되고 그 의미가 더 분명해지는 경우가 있습니다. 이번에는 '주어 + 동사 + ~에게 + ~을' 구조의 영어 문장을 연습해 보세요.

| 내가 말해 줄게요 | + 당신에게 + 모든 것을 + 내가 아는 |

STEP 1 전체 문장 완성하기

다음 문장을 힌트 단어를 보면서 완성해 보세요. **MP3 005**

1 내가 말해 줄게요

- **will tell**
'내가 ~할 거야'라는
의지 표현은 I will

2 내가 말해 줄게요 / 당신에게

- **you**
동사 tell은 전치사 없이 바로
대상어가 오기에 '~에게'지
만 전치사 없이 쓰임

3 내가 말해 줄게요 / 당신에게 / 모든 것을

- **everything**

4 내가 말해 줄게요 / 당신에게 / 모든 것을 / 내가 아는

- **that I know**
everything 뒤에 붙이면
'내가 아는'으로 수식 가능

Ans. **I will tell you everything that I know.**

유제 1	그는 자기가 가진 모든 것을 그녀에게 줄 거예요. 그는 줄 거예요 + 그녀에게 + 모든 것을 + 그가 가진

1 그는 줄 거예요

• will give
주어에 상관없이
조동사 뒤에는 동사원형

2 **그는 줄 거예요** / 그녀에게 / 모든 것을

give 뒤에 '~에게 + ~을'
어순 지키기

3 **그는 줄 거예요 / 그녀에게 / 모든 것을** / 그가 가진

• that he has

유제 2	그녀는 항상 잠자기 전에 아이들에게 동화를 읽어 줍니다. 그녀는 항상 읽어 줍니다 + 그녀의 아이들에게 + 동화를 + 잠자기 전에

1 그녀는 항상 읽어 줍니다

• always
always 위치는 동사 앞

2 **그녀는 항상 읽어 줍니다** / 그녀의 아이들에게 / 동화를

• kids
• fairy tales
read 뒤에 '~에게 + ~을'
어순으로

3 **그녀는 항상 읽어 줍니다 / 그녀의 아이들에게 / 동화를** / 잠자기 전에

• before bedtime

유제 응용	그는 항상 잠자기 전에 그녀에게 전화를 합니다. 그는 항상 줍니다 + 그녀에게 + 전화 한 통을 + 잠자기 전에

• give her a call

다음 우리말의 영어 구조를 보고 영어로 문장을 써 보세요. **MP3 005**

---

1 그는 친절하게도 나에게 서점으로 가는 길을 알려 줬어요.

↻ 그는 친절하게 보여 줬어요 + 나에게 + 그 길을 + 그 서점으로 가는

- kindly show me the way

'~로 가는 길'은
the way to ~

---

2 나는 경기 후에 그들을 크게 안아 줬어요.

↻ 나는 주었어요 + 그들에게 + 큰 포옹을 + 그 경기 후에

- give a hug
- after the game

give의 과거형은 gave

---

3 커피 좀 갖다줄게요.

↻ 내가 갖다줄게요 + 당신에게 + 약간의 커피를

- get

get은 상대방에게 '사 주다, 갖다주다, 만들어 주다' 등에 사용 가능

---

4 나는 작년에 그에게 돈을 좀 빌려줬어요.

↻ 나는 빌려줬어요 + 그에게 + 약간의 돈을 + 작년에

- lend
- some

lend의 과거형은 lent

---

5 이번 여름방학 동안 당신에게 영어를 가르쳐 줄게요.

↻ 내가 가르쳐 줄게요 + 당신에게 + 영어를 + 이번 여름방학 동안

- during this summer vacation

어느 정도 계획된 미래 이야기는 'be going to + V'로 표현 가능

---

6 저를 집까지 태워다 줄 수 있나요?

↻ 당신은 줄 수 있나요 + 나에게 + 태워다 주는 것을 + 집까지

- give me a ride

상대방에게 공손하게 부탁할 때는 Could you ~?로 시작

---

7 제 부탁 하나 들어줄 수 있어요?

　　　◐ 당신은 해 줄 수 있어요 + 나에게 + 부탁 하나를

　　　　● do me a favor

　　　　do ~ a favor는 '~의 부탁을 들어주다'

---

8 회사에서 그에게 새 직책을 제안했어요.

　　　◐ 그 회사는 제안했어요 + 그에게 + 새 직책을

　　　　● offer
　　　　● a new position

　　　　과거 시제로

---

9 그녀는 딸에게 항상 최고의 조언을 해 줍니다.

　　　◐ 그녀는 항상 줍니다 + 그녀의 딸에게 + 최고의 조언을

　　　　● give
　　　　● the best advice

　　　　give 뒤에 '~에게 + ~을' 어순으로

---

10 그 코치는 팀에게 새로운 기술들을 가르쳤어요.

　　　◐ 그 코치는 가르쳤어요 + 그 팀에게 + 새로운 기술들을

　　　　● techniques

　　　　teach의 과거형은 taught

---

11 최근에 가장 친한 친구에게 생일 선물을 사 줬어요.

　　　◐ 나는 최근에 사 줬어요 + 내 가장 친한 친구에게 + 생일 선물을

　　　　● recently

　　　　buy의 과거형은 bought

---

12 그는 친절하게도 나에게 그 건물의 상세한 지도를 건네줬어요.

　　　◐ 그는 친절하게 건네줬어요 + 나에게 + 그 건물의 상세한 지도를

　　　　● hand
　　　　● a detailed map of the building

　　　　hand가 동사일 때는 '직접 건네주다'의 뜻

당신은 나를 행복하고 편안하게 만들어요.

영작에서 주의할 점은 우리말과 영어를 1:1 단어 단위로 바꾸는 것이 아니라 문장의 의미가 통하게 만드는 것입니다. '주어 + 서술어 + 대상어'만으로는 영어 문장의 의미가 완성되지 않는 경우가 많습니다. 동사 뒤에 오는 대상어의 의미를 보충하는 '형용사'가 필요한 문장이 있거든요. 이런 문장 구조에서는 대상어 뒤에 반드시 형용사 보충어가 와야 의미가 명확해지고 더 긴 문장으로 확장될 수 있습니다.

당신은 만들어요 + 나를 + 행복하고 편안한 상태로

STEP 1 전체 문장 완성하기

다음 문장을 힌트 단어를 보면서 완성해 보세요. **MP3 006**

1 당신은 만들어요

• make

---

2 당신은 만들어요 / 나를

• me

---

3 당신은 만들어요 / 나를 / 행복한 상태로

• happy

make 뒤에 오는 대상어를
보충해 주는 말로 형용사가
위치

---

4 당신은 만들어요 / 나를 / 행복하고 편안한 상태로

• comfortable

접속사 and로 형용사를 연결

Ans.   You make me happy and comfortable.

유제 1	그 영화가 우리를 슬프고 우울하게 만들었어요.
	그 영화가 만들었어요 + 우리를 + 슬프고 우울한 상태로

1 그 영화가 만들었어요

- make

make의 과거형은 made

2 그 영화가 만들었어요 / 우리를

- us

동작의 대상이 대명사일 때는 '목적격'으로

3 그 영화가 만들었어요 / 우리를 / 슬프고 우울한 상태로

- sad and depressed

형용사로 대상어의 상태를 더 명확하게 보충

유제 2	그의 끊임없는 농담은 긴 여행 동안 분위기를 편하게 만들었어요.
	그의 끊임없는 농담은 만들었어요 + 그 분위기를 + 편한 상태로 + 그 긴 여행 동안

1 그의 끊임없는 농담은 만들었어요

- constant jokes

2 그의 끊임없는 농담은 만들었어요 / 그 분위기를

- mood

3 그의 끊임없는 농담은 만들었어요 / 그 분위기를 / 편한 상태로

- light-hearted

4 그의 끊임없는 농담은 만들었어요 / 그 분위기를 / 편한 상태로 / 그 긴 여행 동안

- during the long journey

유제 응용	선생님의 설명이 그 과목을 이해하기 쉽게 만들었어요.
	그 선생님의 설명이 만들었어요 + 그 과목을 + 쉬운 상태로 + 이해하기에

- explanations
- subject
- to understand

41

1 그 멋진 풍경이 우리의 여행을 잊을 수 없게 만들었어요.
- stunning view
- unforgettable

⏻ 그 멋진 풍경이 만들었어요 + 우리의 여행을 + 잊을 수 없는 상태로

---

2 그녀의 긍정적인 태도는 일터를 더 즐겁게 만들어요.
- positive attitude
- more pleasant

'일터'는 workplace

⏻ 그녀의 긍정적인 태도는 만들어요 + 그 일터를 + 더 즐거운 상태로

---

3 최신 업데이트가 내 휴대폰을 더 빠르게 만들었어요.
- the latest update
- faster

(최신 업데이트로 내 휴대폰이 더 빨라졌어요.)

⏻ 최신 업데이트가 만들었어요 + 내 휴대폰을 + 더 빠른 상태로

---

4 어젯밤 시끄러운 음악이 파티를 활기차게 만들었어요.
- loud music
- lively

⏻ 그 시끄러운 음악이 만들었어요 + 그 파티를 + 활기찬 상태로 + 어젯밤에

---

5 따뜻한 조명이 방을 아늑하게 만들어 줍니다.
- lighting
- cozy

⏻ 그 따뜻한 조명이 만들어 줍니다 + 그 방을 + 아늑한 상태로

---

6 그들의 창의적인 접근 방식이 그 프로젝트를 독특하게 만듭니다.
- creative approach

⏻ 그들의 창의적인 접근 방식이 만듭니다 + 그 프로젝트를 + 독특한 상태로

---

7 부모들은 그 게임이 너무 폭력적이라고 생각했어요.

    ↻ 그 부모들은 생각했어요 + 그 게임이 + 너무 폭력적이라고

- find
- too violent
- '~라고 여기다, 생각하다' 라고 표현할 때 동사 find 를 사용
- find의 과거형은 found

---

8 관객들은 그 연극을 매우 흥미롭게 여겼어요.

    ↻ 그 관객들은 생각했어요 + 그 연극이 + 매우 흥미로운 상태라고

- audience
- fascinating
- '연극'은 play

---

9 나는 방을 환기하려고 문을 계속 열어 놓았어요.

    ↻ 나는 계속 유지했어요 + 그 문을 + 열린 상태로 + 내 방을 환기하려고

- keep
- to air out my room
- 동사 keep의 대상어를 형용사로 의미 보충
- 이때의 keep은 '~을 ...한 상태로 계속 두다'

---

10 그녀는 방을 밝은 노란색으로 칠했어요.

    ↻ 그녀는 (페인트를) 칠했어요 + 그 방을 + 밝은 노란색으로

- paint
- bright yellow

---

11 내가 일이 많을 때는 나를 혼자 내버려 두세요.

    ↻ 내버려 두세요 + 나를 + 혼자인 상태로 + 내가 가지고 있을 때는 + 많은 일을

- leave
- alone
- a lot of work
- 명령문에 please를 붙이면 공손한 뉘앙스

---

12 그녀는 곧 있을 회의를 위해 방을 깨끗이 하고 정리했어요.

    ↻ 그녀는 두었어요 + 그 방을 + 깨끗하고 정리된 상태로 + 곧 있을 그 회의를 위해

- clean and organized
- the upcoming meeting
- 여기서 leave는 '(어떤 상태) 그대로 두다'의 의미
- leave의 과거형은 left

내가 가능한 한 빨리 당신에게 그 결과를 알려 줄게요.

'주어 + 서술어'의 뼈대 문장에서 특정 동사들은 대상어가 어떤 행동을 하도록 '허락하다, 시키다'의 의미를 갖습니다. 서술어로 쓰인 동사가 let, make, have, help일 때 대상어가 나오고 그 뒤에 대상어를 보충해 주는 말로 동사원형이 나오는 구조입니다. 이렇게 확장된 문장은 'OO는 ~가 어떤 행동을 하게 하다/시키다/도와주다'라는 뜻을 갖습니다.

내가 해 줄게요 + 당신이 + 알도록 + 그 결과를 + 가능한 한 빨리

STEP 1 전체 문장 완성하기

다음 문장을 힌트 단어를 보면서 완성해 보세요. MP3 007

1 내가 해 줄게요

● I'll let
동사 let은 대상어가 '~하게
해 주다, 허락하다'의 의미

---

2 내가 해 줄게요 / 당신이 / 알도록

● you know
let 뒤에 you는 목적격

---

3 내가 해 줄게요 / 당신이 / 알도록 / 그 결과를

● the result

---

4 내가 해 줄게요 / 당신이 / 알도록 / 그 결과를 / 가능한 한 빨리

● as soon as possible

Ans. I'll let you know the result as soon as possible.

Tips! 'make, have, let, help'의 뉘앙스 차이!

*MAKE '대상어가 어떤 일을 하도록 만들다'는 뜻으로 압력이나 힘을 내포합니다. 이런 강한 의미 때문에 대상어(목적어)에게 선택의 여지가 별로 없음을 의미하기도 합니다.
*HAVE 요청, 지시, 필요에 의해 대상어가 일을 하게 한다는 뜻으로 make보다 뉘앙스가 약합니다.
*LET 허락의 의미로 대상어가 어떤 일을 할 자유를 준다는 뜻입니다.
*HELP 대상어가 어떤 일을 하는 것을 더 쉽게 해 주거나 도와준다는 뜻입니다.

그녀의 부모님은 그녀가 친구 집에서 자고 오는 걸 허락 안 할 겁니다.

그녀의 부모님은 허락 안 할 겁니다 + 그녀가 + 자고 오는 걸 + 그녀의 친구 집에서

1 그녀의 부모님은 허락 안 할 겁니다

- won't let

will의 부정은 will not
= won't

2 그녀의 부모님은 허락 안 할 겁니다 / 그녀가 / 자고 오는 걸

- sleep over

– let의 대상어는 her
– sleep over는 '남의 집에서 자고 오다'

3 그녀의 부모님은 허락 안 할 겁니다 / 그녀가 / 자고 오는 걸 / 그녀의 친구 집에서

- her friend's house

콕 집어 어느 한 곳을 말할 때는 at

그는 일주일 동안 나에게 초과근무를 시켰어요.

그는 시켰어요 (만들었어요) + 내가 + 초과근무를 하도록 + 일주일 동안

1 그는 시켰어요

- make

과거 시제로

2 그는 시켰어요 / 내가 / 초과근무를 하도록

- work overtime

make의 대상어는 me

3 그는 시켰어요 / 나에게 / 초과근무를 하도록 / 일주일 동안

- for a week

당신이 일주일 동안 내 노트북을 사용하게 해 줄게요.

내가 해 줄게요 + 당신이 + 사용하도록 + 내 노트북을 + 일주일 동안

- I'll let
- my laptop

1 그 멘토의 피드백은 그녀가 자기 작업을 수정하게 만들었어요.

(그 멘토의 피드백 때문에 그녀는 작업을 수정했어요.)

🔄 그 멘토의 피드백은 만들었어요 + 그녀가 + 수정하게 + 그녀의 작업을

- feedback
- revise

---

2 자연에 대한 사랑으로 내가 정원을 갖게 되었어요.

(내가 자연을 사랑해서 정원을 갖게 되었어요.)

🔄 자연에 대한 나의 사랑이 만들었어요 + 내가 + 갖도록 + 정원을

- love for nature

make + 대상어(목적격) + 동사원형

---

3 계속되는 소음으로 나는 두통을 얻게 되었어요.

(계속 소음이 발생해서 나는 두통이 생겼어요.)

🔄 그 계속되는 소음이 만들었어요 + 내가 + 가지게 + 두통을

- continuous noise

'두통이 있다, 머리가 아프다'는 have a headache

---

4 부모님이 처음으로 저 혼자 여행 가게 해 주셨어요.

🔄 내 부모님이 허락해 주셨어요 + 내가 + 여행 가게 + 혼자 + 처음으로

- travel alone
- for the first time

허락해 주는 것은 let

---

5 매니저는 그녀의 팀이 금요일에 일찍 퇴근하게 해 줬어요.

🔄 그 매니저는 허락했어요 + 그녀의 팀이 + 떠나도록 + 일찍 + 금요일에

- leave early

let의 과거형은 let

---

6 당신 혼자 거기 가게 두지 않을 겁니다.

🔄 나는 허락하지 않을 겁니다 + 당신이 + 가는 것을 + 거기에 + 혼자

- by yourself

'~하지 않을 것이다'는 will not = won't

---

7 지난 주말에 정비사에게 차 점검을 맡겼어요.

ⓢ 나는 시켰어요 + 그 정비사가 + 점검하도록 + 내 차를 + 지난 주말에

- mechanic
- check

'누구에게 시키다'는 have로
표현

---

8 그녀는 자기 조수에게 책상 위 파일들을 정리하게 했어요.

ⓢ 그녀는 시켰어요 + 그녀의 조수가 + 정리하도록 + 그 파일들을 + 그 책상 위의

- assistant
- organize

---

9 그는 이발사에게 그의 머리를 짧게 깎게 했어요.

(그는 이발사에게 머리를 짧게 깎았어요.)

ⓢ 그는 시켰어요 + 그 이발사가 + 깎도록 + 그의 머리를 + 짧게

- barber

---

10 이 가이드북은 주제를 이해하는 데 도움을 주었어요.

ⓢ 이 가이드북은 도움을 주었어요 + 내가 + 이해하도록 + 그 주제를

- the topic

'~하는 데 도움을 주다'는
help

---

11 그의 조언은 그녀가 더 나은 선택을 하도록 도와줬어요.

ⓢ 그의 조언은 도와줬어요 + 그녀가 + 만들도록 + 더 나은 선택을

- make a better
  choice

원어민은 선택을 '하다'보다
'만들다'의 개념으로 이해

---

12 그 워크샵은 직원들이 새로운 기술을 개발하게 도와줬어요.

ⓢ 그 워크샵은 도와줬어요 + 그 직원들이 + 개발하도록 + 새로운 기술들을

- employees
- develop

CHAPTER 2

시제와 조동사로 문장의 의도를 분명하게

UNIT 1
현재 시제

그녀는 항상 아침에 제일 먼저 이메일을 확인합니다.

영어 문장의 뼈대에서 서술어가 중요한 이유는 주어를 설명하고 문장이 어떻게 확장되는지 결정하기 때문입니다. 또 서술어에 쓰인 동사의 형태로 시제를 알 수도 있지요. 현재 시제는 일상적이고, 습관적이고, 규칙적인 일이나 변하지 않는 사실을 말할 때 씁니다. 영작할 때는 서술어를 시제에 맞게 먼저 쓰고 그 뒤에 보충어 또는 수식어를 붙여 나가면 됩니다.

| 그녀는 항상 확인합니다 | + 그녀의 이메일을 + 제일 먼저 + 아침에 |

STEP 1 전체 문장 완성하기

다음 문장을 힌트 단어를 보면서 완성해 보세요. MP3 008

1 그녀는 항상 확인합니다

● check
always는 동사 앞에 위치

---

2 그녀는 항상 확인합니다 / 그녀의 이메일을

● email

---

3 그녀는 항상 확인합니다 / 그녀의 이메일을 / 제일 먼저

● first thing

---

4 그녀는 항상 확인합니다 / 그녀의 이메일을 / 제일 먼저 / 아침에

● in the morning

Ans. She always checks her email first thing in the morning.

그는 매 시간마다 메시지를 확인합니다.

그는 확인합니다 + 그의 메시지들을 + 매 시간마다

1 그는 확인합니다

- check

주어가 3인칭 단수인 것에
주의

2 그는 확인합니다 / 그의 메시지들을

- messages

일반적으로 메시지를 딱 한
개만 확인하는 것은 아니므
로 복수형으로

3 그는 확인합니다 / 그의 메시지들을 / 매 시간마다

- every hour

그 버스는 피크 시간대에 15분 간격으로 도착합니다.

그 버스는 도착합니다 + 15분 간격으로 + 피크 시간대에

1 그 버스는 도착합니다

- arrive

주어가 3인칭 단수인 것에
주의

2 그 버스는 도착합니다 / 15분 간격으로

- every 15 minutes

'00마다'는 [every + 숫자 +
기준 단위]로 표시

3 그 버스는 도착합니다 / 15분 간격으로 / 피크 시간대에

- during peak hours

커피는 늘 긴 회의 동안 내가 깨어 있게 도와줍니다.

커피는 늘 도와줍니다 + 내가 + 깨어 있도록 + 긴 회의들 동안

- stay awake
- during long
  meetings

---

1 나는 차보다 블랙 커피를 선호해요.

🔁 나는 선호해요 + 블랙 커피를 + 차보다

• prefer ~ over...

취향, 선호도는
쉽게 바뀌지 않으므로 현재
시제로 표현

2 나는 한 달에 한 번 조부모님을 찾아 뵈어요.

🔁 나는 방문해요 + 나의 조부모님을 + 한 달에 한 번

• once a month

규칙적이고, 습관적 일은
현재 시제로 표현

3 나는 금요일마다 재택근무를 합니다.

🔁 나는 일합니다 + 집으로부터 + 금요일마다

• from home

'재택 근무하다'는 work at
home이 아니라 work from
home으로 표현

4 여동생은 베를린에서 영어를 가르쳐요.

🔁 내 여동생은 가르쳐요 + 영어를 + 베를린에서

• in Berlin

5 그는 매일 저녁 1시간 동안 피아노를 연습해요.

🔁 그는 연습해요 + 피아노를 + 1시간 동안 + 매일 저녁

• practice

6 그 카페는 모든 고객에게 무료 Wi-Fi를 제공합니다.

🔁 그 카페는 제공합니다 + 무료 Wi-Fi를 + 카페의 모든 고객들에게

• offer

• all its customers

그 카페의 고객이므로
its customers

7 식물은 자라기 위해 햇빛이 필요해요.

🔁 식물들은 필요로 해요 + 햇빛을 + 자라기 위해

- sunlight
- to grow

모든 식물에 대한 일반적인
설명이므로 주어는 plants로

---

8 개는 규칙적인 운동과 관심이 필요해요.

🔁 개들은 필요로 해요 + 규칙적인 운동과 관심을

- regular exercise

일반적인 개에 대한
설명이므로 주어는 dogs로

---

9 이 역에서는 기차가 항상 정시에 도착합니다.

🔁 기차들이 항상 도착합니다 + 정시에 + 이 역에서

- on time

always 위치는 일반동사 앞

---

10 내 사무실은 엘리베이터 바로 옆, 3층에 있어요.

🔁 내 사무실은 있어요 + 3층에 + 그 엘리베이터 바로 옆에

- sit on the third floor
- right next to

sit은 '(어디에) 있다'의 뜻.
be동사도 가능하나, '내
사무실이 ~에 자리잡고
있다'의 뉘앙스로 sit 사용

---

11 요즘에는 고객들이 온라인 쇼핑을 선호합니다.

🔁 고객들이 선호합니다 + 온라인 쇼핑을 + 요즘에는

- nowadays

---

12 그 박물관은 매주 일요일에 무료 입장을 제공합니다.

🔁 그 박물관은 제공합니다 + 무료 입장을 + 매주 일요일에

- free admission

UNIT 2
과거 시제

나는 마감일보다 빨리 내 프로젝트를 끝냈어요.

작년에, 지난 주말에, 어제 등 과거에 있었던 일, 이미 끝난 일을 표현할 때는 서술어인 동사의 시제를 과거로 씁니다. 동사의 시제가 문장의 의미와 의도를 더 분명하게 해 주므로 자주 쓰는 동사의 과거형을 꼭 익혀 두세요.

 나는 끝냈어요 + 내 프로젝트를 + 그 마감일보다 빨리

STEP 1 전체 문장 완성하기

다음 문장을 힌트 단어를 보면서 완성해 보세요. **MP3 009**

1 나는 끝냈어요

• finish

---

2 나는 끝냈어요 / 내 프로젝트를

• project

---

3 나는 끝냈어요 / 내 프로젝트를 / 그 마감일보다 빨리

• ahead of the deadline

'(시간적으로) ~보다 빨리'는 ahead of

> **Ans.** I finished my project ahead of the deadline.

유제 1	나는 금요일에 도서관에서 그녀를 만났어요. **나는 만났어요 + 그녀를 + 그 도서관에서 + 금요일에**	

1   나는 만났어요

- meet

meet의 과거형은
met

---

2   **나는 만났어요** / 그녀를

- her

---

3   **나는 만났어요** / **그녀를** / 그 도서관에서 / 금요일에

- at the library
- on Friday

장소, 시간 순으로 수식어구
연결

유제 2	그 아이들은 해질 때까지 공원에서 놀았어요. **그 아이들은 놀았어요 + 그 공원에서 + 해질 때까지**	

1   그 아이들은 놀았어요

- children

---

2   **그 아이들은 놀았어요** / 그 공원에서

- the park

---

3   **그 아이들은 놀았어요** / **그 공원에서** / 해질 때까지

- until sunset

유제 응용	우리는 지난 봄에 시골에서 열린 한 결혼식에 참석했어요. **우리는 참석했어요 + 한 결혼식에 + 시골에서 + 지난 봄에**	• attend • in the countryside

1 그는 그 회사에서 5년 동안 일했어요.

↻ 그는 일했어요 + 그 회사에서 + 5년 동안

• work at

---

2 그녀는 지난 여름 나와 함께 파리를 방문했어요.

↻ 그녀는 방문했어요 + 파리를 + 나와 함께 + 지난 여름에

• Paris

---

3 어제 회의가 오후 3시에 끝났어요.

↻ 그 회의가 끝났어요 + 오후 3시에 + 어제

• end

시간 수식어가 여러 개 나올 때는 작은 범위에서 큰 범위로 나열

---

4 우리는 어젯밤에 집에서 영화 한 편을 봤어요.

↻ 우리는 봤어요 + 영화 한 편을 + 집에서 + 어젯밤에

• watch a movie

수식어는 장소, 시간 순으로

---

5 나는 밤새도록 시험 공부를 했어요.

↻ 나는 공부했어요 + 그 시험을 위해 + 밤새도록

• all night

study의 과거형은 studied

---

6 밖에 나가기 전에 내 방을 청소했어요.

↻ 나는 청소했어요 + 내 방을 + 밖에 나가기 전에

• before going out

before는 접속사로 쓰일 때는 뒤에 '주어 + 동사'가, 전치사로 쓰일 때는 뒤에 '명사(구)'나 '동명사'가 위치

---

7 그는 농구를 하다가 안경을 깨뜨렸어요.

　🔁　그는 깨뜨렸어요 + 그의 안경을 + 농구를 하는 동안

- **while playing basketball**
- – break의 과거형은 broke
- – while Ving ~는 '~하는 동안'의 의미로 동시에 발생한 동작을 표현

---

8 지난달에 그 책을 읽고 저는 아주 좋아했어요.

　🔁　나는 읽었어요 + 그 책을 + 지난달에 + 그리고 + 아주 좋아했어요 + 그것을

- **read**
- '아주 좋아하다'는 love

---

9 그녀는 첫 번째 시도에서 운전 시험에 합격했어요.

　🔁　그녀는 합격했어요 + 그녀의 운전 시험을 + 첫 번째 시도에서

- **pass**
- **on the first attempt**
- '운전 면허 시험'은 driving test

---

10 그 콘서트는 기술적인 문제로 인해 늦게 시작했어요.

　🔁　그 콘서트는 시작했어요 + 늦게 + 기술적인 문제 때문에

- **begin**
- **technical issues**
- '~ 때문에'는 because of + 명사

---

11 지난 주말에 비가 아주 많이 내렸어요.

　🔁　비가 내렸어요 + 아주 많이 + 지난 주말에

- **rain heavily**
- 날씨를 표현할 때 주어는 it

---

12 그 회의는 지난 10월에 뉴욕에서 열렸어요.

　🔁　그 회의는 열렸어요 + 뉴욕에서 + 지난 10월에

- **take place**
- 여러 날 동안 진행되는 대규모 회의는 conference

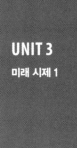

UNIT 3
미래 시제 1

나는 12월에 LA의 새 집으로 이사할 겁니다.

영어에는 미래 시제를 나타내는 방법이 여럿 있는데, 여기서는 조동사를 이용하여 나타냅니다. 영어의 조동사는 서술어의 뉘앙스를 담당하는데, 조동사 will은 '~일 것이다, ~할 것이다'로 미래의 일을 말하거나 예측할 때 씁니다. 특히 주어가 'I'일 때는 나의 '의지'를 표현할 때가 많지요. 영작할 때 '주어 + will + 동사원형'의 기본 뼈대부터 잡으면 긴 문장도 쉽게 완성할 수 있습니다. 회화에서는 발음의 편의를 위해 주어와 조동사를 축약해서 I'll, you'll, she'll 등으로 말합니다.

 나는 이사할 겁니다 + 새 집으로 + LA에 있는 + 12월에

STEP 1 전체 문장 완성하기

다음 문장을 힌트 단어를 보면서 완성해 보세요. MP3 010

1 나는 이사할 겁니다

• move
미래 일 또는 주어의 의지를
나타낼 때는 will + V

---

2 나는 이사할 겁니다 / 새 집으로

• a new house
'~로 이사하다'는
move to

---

3 나는 이사할 겁니다 / 새 집으로 / LA에 있는

• in LA
도시명 앞에 전치사 in을 써
서 '~에, ~에서'

---

4 나는 이사할 겁니다 / 새 집으로 / LA에 있는 / 12월에

• in December
월 앞에는 전치사 in

> Ans.   I will move to a new house in LA in December.

유제 1	건강을 유지하기 위해 나는 체육관에 등록할 겁니다.
	나는 등록할 겁니다 + 그 체육관에 + 건강을 유지하기 위해

1   나는 등록할 겁니다

• join
join은 '가입하다' 외에 '등록하다'의 의미로도 쓰임

---

2   나는 등록할 겁니다 / 그 체육관에

• gym
join은 전치사 없이 대상어가 바로 오는 동사

---

3   나는 등록할 겁니다 / 그 체육관에 / 건강을 유지하기 위해

• stay fit
'~하기 위해서'는 to + 동사원형

유제 2	그는 이달 말까지 그의 프로젝트를 끝낼 겁니다.
	그는 끝낼 것입니다 + 그의 프로젝트를 + 이달 말까지

1   그는 끝낼 겁니다

• finish
말하는 이가 '주어가 ~할 것이다'라고 미래 일을 예측할 때는 will + 동사원형

---

2   그는 끝낼 겁니다 / 그의 프로젝트를

• his project

---

3   그는 끝낼 겁니다 / 그의 프로젝트를 / 이달 말까지

• by the end of this month

유제 응용	그는 그 과정에 합격하기 위해 이달 말까지 보고서를 제출할 겁니다.
	그는 제출할 겁니다 + 그의 보고서를 + 이달 말까지 + 그 과정에 합격하기 위해

• hand in
• pass the course

---

1 내년 여름에 이탈리아로 여행 갈 거예요.

• travel

⟳ 나는 여행 갈 거예요 + 이탈리아로 + 내년 여름에

---

2 10분 후에 거기에 도착할 겁니다.

• be there

말한 시점부터 10분 후는 'in 10 minutes'

⟳ 나는 있을 겁니다 + 거기에 + 10분 후에

---

3 그녀는 다음 주 월요일에 새로운 일을 시작할 거예요.

• new job

⟳ 그녀는 시작할 거예요 + 그녀의 새로운 일을 + 다음 주 월요일에

---

4 우리는 시내에 새로 생긴 식당에서 저녁을 먹을 거예요.

• have dinner
• downtown

downtown 자체가 '시내에'라는 부사

⟳ 우리는 먹을 거예요 + 저녁 식사를 + 그 새로운 식당에서 + 시내에

---

5 당신이 추천해 준 책을 읽어 볼게요.

• that you recommended

'당신이 추천한'은 that you recommended로 앞에 있는 명사를 수식

⟳ 나는 읽어 볼 거예요 + 그 책을 + 당신이 추천한

---

6 자세한 내용은 이메일로 보내 드리겠습니다.

• details
• by email

의미상 생략된 내용을 살려서 쓰는 것에 주의

⟳ 제가 보내 드리겠습니다 + 당신에게 + 그 자세한 내용을 + 이메일로

---

7 우리는 내일 오후 2시에 그 카페에서 만날 거예요.

⟳ 우리는 만날 거예요 + 그 카페에서 + 오후 2시에 + 내일

- at the café

뼈대 문장 뒤에 수식어는
장소, 시간 순으로

---

8 그들은 다음 주에 뉴욕에서 기념일을 축하할 겁니다.

⟳ 그들은 축하할 겁니다 + 그들의 기념일을 + 뉴욕에서 + 다음 주에

- celebrate
- anniversary

---

9 콘서트는 오후 7시 정각에 시작할 것입니다.

⟳ 그 콘서트는 시작할 것입니다 + 오후 7시에 + 정각

- sharp

sharp는 하루 중의 특정 시
간을 나타내는 표현 뒤에 쓰
여 '정각'

---

10 그 가게는 새해 전날에 일찍 문을 닫을 겁니다.

⟳ 그 가게는 문을 닫을 것입니다 + 일찍 + 새해 전날에

- on New Year's Eve

---

11 박물관은 다음 주에 새로운 전시를 열 것입니다.

⟳ 그 박물관은 열 것입니다 + 새로운 전시를 + 다음 주에

- a new exhibition

---

12 그 항공편은 10분 후 5번 게이트에서 출발할 겁니다.

⟳ 그 항공편은 출발할 겁니다 + 5번 게이트에서 + 10분 후에

- flight
- depart

출발의 시작점이 5번 게이트
이므로 'from gate 5'

나는 다음 주에 새로운 운동 루틴을 시작할 거예요.

어떤 일을 하기로 이미 결심하고 미래의 행동이나 의도를 표현할 때는 'be going to'를 사용합니다. 이렇게 하면 문장을 읽거나 듣는 사람은 '아. 이 사람이 미리 계획해 놓은 상황을 말하는구나'라고 이해하게 되지요. 지금을 기준으로 미래 계획 쪽으로 가고 있는 것이므로 주어 다음에 be동사는 현재형으로 써야 합니다. 그래서 'I am going to + 동사원형'의 뼈대를 잡게 되면 '계획 세워 놓은 미래'라는 뉘앙스를 확실하게 표현합니다.

| 나는 시작할 거예요 | + 새로운 운동 루틴을 + 다음 주에 |

STEP 1 전체 문장 완성하기

다음 문장을 힌트 단어를 보면서 완성해 보세요. **MP3 011**

1 나는 시작할 거예요

● start
'be going to'로
계획과 의도를 표현

2 나는 시작할 거예요 / 새로운 운동 루틴을

● a new exercise
routine

3 나는 시작할 거예요 / 새로운 운동 루틴을 / 다음 주에

● next week
미래를 나타내는
시간 부사구

> **Ans.** I'm going to start a new exercise routine next week.

퇴근 후에 쇼핑하러 갈 거예요.

나는 쇼핑하러 갈 거예요 + 퇴근 후에

1   나는 쇼핑하러 갈 거예요

• go shopping

'be going to'로
계획과 의도를 표현

2   나는 쇼핑하러 갈 거예요 / 퇴근 후에

• after work

내일 날이 화창하면 우리는 소풍 갈 거예요.

우리는 소풍 갈 거예요 + 날이 화창하면 + 내일

1   우리는 소풍 갈 거예요

• go on a picnic

'be going to'로
계획과 의도를 표현

2   우리는 소풍 갈 거예요 / 날이 화창하면

• if it's sunny

'날씨가 화창한'은 sunny

3   우리는 소풍 갈 거예요 / 날이 화창하면 / 내일

• tomorrow

내일 날씨가 좋으면 수영하러 갈 거예요.

나는 수영하러 갈 거예요 + 날씨가 좋으면 + 내일

• go swimming
• the weather is
  nice

1 세일 기간 동안 새 노트북을 살 거예요.

    🔄 나는 살 거예요 + 새 노트북을 + 그 세일 기간 동안

• during the sale

1~10번까지의 문장은 모두
화자가 전부터 계획한 것이
라는 뉘앙스를 포함

2 퇴근 후에 머리를 깎을 거예요.

    🔄 나는 머리를 깎을 거예요 + 퇴근 후에

• get a haircut

'머리를 깎다'는 get a
haircut으로도 표현 가능

3 그녀는 다음 달에 사진 수업에 등록할 겁니다.

    🔄 그녀는 등록할 겁니다 + 사진 수업에 + 다음 달에

• a photography
  class

'~에 등록하다'는
enroll in

4 그녀는 다음 학기에 장학금을 신청할 거예요.

    🔄 그녀는 신청할 거예요 + 장학금을 + 다음 학기에

• apply for
• a scholarship
• semester

5 그녀는 다음 주 토요일에 차고 세일을 할 거예요.

    🔄 그녀는 가질 거예요 + 차고 세일을 + 다음 주 토요일에

• a garage sale

자기 차고에 안 쓰는 중고 물
품을 놓고 파는 게 garage
sale

6 우리는 고급 레스토랑에서 여동생 생일을 축하할 거예요.

    🔄 우리는 축하할 거예요 + 내 여동생의 생일을 + 고급 레스토랑에서

• celebrate
• a fancy restaurant

어떤 레스토랑인지 특정되지
않았으므로,
at a fancy restaurant

7   회사는 다음 분기에 신제품을 출시할 예정입니다.

   ○ 그 회사는 출시할 예정입니다 + 신제품을 + 다음 분기에

- launch
- next quarter

---

8   그는 내년에 유학 갈 예정입니다.

   ○ 그는 공부할 예정입니다 + 외국에서 + 내년에

- study abroad
외국에서 공부하는 거니까
'유학 가다'

---

9   그는 그녀의 생일날 그녀에게 청혼할 거예요.

   ○ 그는 청혼할 거예요 + 그녀에게 + 그녀의 생일에

- propose to
요일, 날짜, 때, 특정한 날을
나타낼 때 on ~ (~에)

---

10   그들은 올해 새로운 프로젝트에서 협업할 예정입니다.

   ○ 그들은 협업할 예정입니다 + 새로운 프로젝트에서 + 올해에

- collaborate on
'(프로젝트 등)에서 협력하다'
는 collaborate on ~

---

11   오늘 밤에 비가 많이 올 겁니다.

   ○ 비가 올 겁니다 + 매우 많이 + 오늘 밤에

- rain heavily
– 주관이 아니라 객관적인 데
  이터를 두고 예측하여 말할
  때도 be going to를 활용
– 여기서는 먹구름이 끼어서
  거의 확실한 상태이므로
  be going to로 표현

---

12   오늘 오후에는 날씨가 화창할 겁니다.

   ○ 날씨가 화창할 겁니다 + 오늘 오후에는

- sunny
– 날씨 표현할 때는 주어를
  it으로
– 일기 예보 등을 들어서 알
  려 주는 뉘앙스

우리는 커피를 마시면서 최신 영화에 대해 이야기하고 있어요.

말하는 동안에 혹은 글을 쓰는 동안에 하고 있는 일, 혹은 일정 기간 동안 진행 중인 일을 말할 때는 현재진행 시제를 씁니다. 현재진행형은 주어에 맞는 be동사 현재형 + 동사의 ing 형태를 쓰며, '말하는 지금 순간에) 현재 어떤 일을 하는 중이다'의 뜻입니다. 주어의 인칭과 수에 따라 달라지는 be동사 am, is, are에 주의하세요.

| 우리는 이야기하고 있어요 | + 그 최신 영화에 대해 + 커피를 마시면서 |

STEP 1 전체 문장 완성하기

다음 문장을 힌트 단어를 보면서 완성해 보세요. **MP3 012**

1 우리는 이야기하고 있어요

• talk
현재진행형은
'be + Ving'로
지금 하고 있는 일을 표현

2 우리는 이야기하고 있어요 / 그 최신 영화에 대해

• the latest movie

3 우리는 이야기하고 있어요 / 그 최신 영화에 대해 / 커피를 마시면서

• over coffee
수식 어구는 모두 뼈대 문장
뒤에 위치

> **Ans.** We're talking about the latest movie over coffee.

＊ 커피를 마시면서는 while drinking coffee도 쓰지만, 원어민들은 over coffee를 많이 씁니다. 커피잔을 놓고 그 위에서 얘기한다는 의미를 전하죠. 비슷한 형태로 over lunch(점심 먹으면서)도 있습니다.

당신은 그 프로젝트를 아주 잘하고 있어요.

당신은 하고 있어요 + 아주 훌륭한 일을 + 그 프로젝트에서

1 당신은 하고 있어요

• do
현재진행 'be + Ving'로
지금 하고 있는 일을 표현

2 **당신은 하고 있어요** / 아주 훌륭한 일을

• a great job

3 **당신은 하고 있어요** / **아주 훌륭한 일을** / 그 프로젝트에서

• that project
a great job 뒤에 또다른 명
사구를 그대로 붙일 수 없으
므로 with로 연결

그녀는 아들 생일을 위해 초콜릿 케이크를 굽고 있어요.

그녀는 굽고 있어요 + 초콜릿 케이크 하나를 + 그녀의 아들의 생일을 위해

1 그녀는 굽고 있어요

• bake
주어가 3인칭 단수이므로 be
동사의 형태는 is

2 **그녀는 굽고 있어요** / 초콜릿 케이크 하나를

• a chocolate cake

3 **그녀는 굽고 있어요** / **초콜릿 케이크 하나를** / 그녀의 아들의 생일을 위해

• birthday

그들은 동료의 은퇴를 위한 서프라이즈 파티를 계획하고 있어요.

그들은 계획하고 있어요 + 서프라이즈 파티를 + 그들의 동료의 은퇴를 위한

• coworker's
retirement
plan의 Ving형은
planning

1 그녀는 지금 가장 좋아하는 팟캐스트를 듣고 있어요.

⟳ 그녀는 듣고 있어요 + 그녀의 가장 좋아하는 팟캐스트를 + 바로 지금

• listen to

right now를 써서 현재진행의 의미를 강조

---

2 이번 주는 기말고사 공부하고 있어요.

⟳ 나는 공부하고 있어요 + 나의 기말고사를 위해 + 이번 주에

• final exams

지금을 포함한 일주일, 한 달 동안 등 일정 기간 동안 하고 있는 일도 현재진행으로 표현 가능

---

3 저는 현재 상사를 위한 프로젝트를 진행 중입니다

⟳ 저는 현재 진행 중입니다 + 한 프로젝트를 + 내 상사를 위한

• currently work on

부사 currently의 위치는 일반동사 앞

---

4 아이들은 지금 공원에서 축구를 하고 있어요.

⟳ 그 아이들은 하고 있어요 + 축구를 + 공원에서 + 지금

• play soccer

운동 경기를 하다의 '하다'는 play

---

5 우리는 음식이 배달되기를 기다리고 있어요.

⟳ 우리는 기다리고 있어요 + 우리의 음식이 + 배달되기를

• to be delivered

– deliver는 '배달하다'이므로, '배달되다'는 be delivered

– wait for + something + to V는 '~가 ...하기를 기다리다'

---

6 그들은 더 많은 공간을 만들려고 사무실을 개조 중이에요.

⟳ 그들은 개조하고 있어요 + 그 사무실을 + 더 많은 공간을 만들기 위해

• renovate

• make more space

'~하기 위해서'는
to + 동사원형

---

7 우리는 더 조용한 동네로 이사할까 생각 중입니다.

    ⟳ 우리는 생각 중입니다 + 이사하는 것을 + 더 조용한 동네로

- think of
- a quieter neighborhood

of는 전치사로 뒤에 명사나 Ving의 형태가 위치

---

8 고양이가 내 침대에서 자고 있어요.

    ⟳ 내 고양이가 자고 있어요 + 내 침대 위에서

- on my bed

---

9 그녀는 친구에게 주말 계획에 대해 문자 보내는 중이에요.

    ⟳ 그녀는 문자를 보내는 중이에요 + 그녀의 친구에게 + 그 주말 계획들에 대해

- text

'~에게 문자 보내다'는 text 로 뒤에 to를 쓰지 않음

---

10 그들은 점심 먹으면서 새로운 제안에 대해 논의 중입니다.

    ⟳ 그들은 논의 중입니다 + 그 새로운 제안을 + 점심을 먹으며

- discuss
- over lunch

discuss 뒤에는 전치사 없이 바로 대상어가 위치

---

11 남동생이 직장 때문에 뉴욕으로 이사할 거예요.

    ⟳ 내 남동생은 이사할 거예요 + 뉴욕으로 + 그의 직장 때문에

- for his job

곧 일어날 확실한 미래도 '현재진행'으로 표현 가능

---

12 내일 가족을 만나러 뉴욕으로 떠날 겁니다.

    ⟳ 나는 떠날 겁니다 + 뉴욕으로 + 내 가족을 만나러 + 내일

- leave for New York

현재진행형으로 곧 일어날 확실한 미래를 표현

UNIT 6
현재진행 2

그들은 다음 주에 우리를 방문하러 올 거예요.

특이하게도 현재진행형(be + Ving)이 미래 의미로 쓰이며, 실제 회화에서 활용 빈도가 아주 높습니다. 어떤 일이나 행동을 하기로 결정해서 일정 또는 약속이 잡혀 있는 경우, 현재진행형을 써서 더 확실한 뉘앙스를 더해 줍니다. 미래를 표현한다는 점에서 be going to와 유사하지만, be + Ving는 계획이나 준비가 구체적으로 되어 있을 때 씁니다. be going to는 미래에 대한 일반적인 의도나 계획을 나타내며, 구체적인 준비가 되어 있는 것은 아니라는 차이가 있지요.

| 그들은 올 거예요 | + 우리를 방문하러 + 다음 주에 |

STEP 1 전체 문장 완성하기

다음 문장을 힌트 단어를 보면서 완성해 보세요. **MP3 013**

1 그들은 올 거예요

• come
현재진행형으로 곧 일어날 확실한 미래를 표현

2 그들은 올 거예요 / 우리를 방문하러

• visit

3 그들은 올 거예요 / 우리를 방문하러 / 다음 주에

• next week
이렇게 현재진행형이 미래를 나타낼 때는 대개 미래 시제 어구와 같이 쓰임

> **Ans.** **They're coming to visit us next week.**

* 미래를 나타내는 be + Ving와 be going to는 문장에 따라 그 차이점이 아주 작은 경우가 많으며, 이때 두 가지 형태의 문장 모두 사용 가능합니다. 상황과 의도에 따라 뉘앙스를 살려 미래 의미의 현재진행 또는 be going to를 사용하면 됩니다.

나는 이번 주말에 결혼식에 참석할 겁니다.

나는 참석할 겁니다 + 결혼식에 + 이번 주말에

1   나는 참석할 겁니다

• attend

be + Ving로 확실한 미래를 표현

---

2   **나는 참석할 겁니다** / 결혼식에

• a wedding

어떤 결혼식인지 특정하지 않았으므로 a wedding

---

3   **나는 참석할 겁니다** / **결혼식에** / 이번 주말에

• this weekend

그는 9월에 새로운 일을 시작할 겁니다.

그는 시작할 겁니다 + 그의 새로운 일을 + 9월에

1   그는 시작할 겁니다

• start

---

2   **그는 시작할 겁니다** / 그의 새로운 일을

• new job

---

3   **그는 시작할 겁니다** / **그의 새로운 일을** / 9월에

• in September

그녀는 다음 달에 컨퍼런스에서 발표할 예정입니다.

그녀는 줄 예정입니다 + 발표 하나를 + 그 컨퍼런스에서 + 다음 달에

• give a presentation
• conference

---

1 그들은 이번 주 금요일 밤에 디너 파티를 주최할 겁니다.

    ↻ 그들은 주최할 겁니다 + 디너 파티를 + 이번 주 금요일 밤에

- host
- this Friday night

dinner party는 몇 사람이 모여 만찬을 나누는 사교 모임

---

2 다음 주 화요일에 나는 요리 수업을 받아요.

    ↻ 나는 받아요 + 요리 수업을 + 다음 주 화요일에

- take

'수업을 받다, 수강하다'는 take a class

---

3 그녀는 12월에 마라톤을 뛸 거예요.

    ↻ 그녀는 뛸 거예요 + 마라톤을 + 12월에

- run a marathon

'12월에'는 in December, 월 앞에 전치사 in 사용

---

4 그들은 내년에 집을 개조할 겁니다.

    ↻ 그들은 개조할 겁니다 + 그들의 집을 + 내년에

- renovate

---

5 그는 다음 달에 피트니스 프로그램에 참여할 겁니다.

    ↻ 그는 참여할 겁니다 + 피트니스 프로그램에 + 다음 달에

- join a fitness program

join은 '대상어(목적어)'가 전치사 없이 바로 위치

---

6 그들은 2주 후에 새 아파트로 이사할 거예요.

    ↻ 그들은 이사할 거예요 + 새 아파트로 + 2주 후에

- in two weeks

in two weeks: 말하는 시점부터 2주 후에 해당하는 때

*after two weeks: 2주 '이후'의 시간으로 정확히 언제인지 모름

---

7 우리는 7월에 가족 모임에 참석할 거예요.

　　🔁 우리는 참석할 거예요 + 가족 모임에 + 7월에

　　　　　　　　　　　　　　　　　　　　• a family reunion

---

8 나는 내일 점심 먹게 그녀를 만날 거예요.

　　🔁 나는 만날 거예요 + 그녀를 + 점심 식사를 위해 + 내일

　　　　　　　　　　　　　　　　　　　　• meet

---

9 나는 내일 커뮤니티 센터에서 자원봉사를 할 겁니다.

　　🔁 나는 자원봉사를 할 겁니다 + 그 커뮤니티 센터에서 + 내일

　　　　　　　　　　　　　　　　　　　　• volunteer

---

10 그녀는 다음 주에 출장을 갑니다.

　　🔁 그녀는 갑니다 + 출장을 + 다음 주에

　　　　　　　　　　　　　　　　　　　　• take a business
　　　　　　　　　　　　　　　　　　　　 trip
　　　　　　　　　　　　　　　　　　　　이때의 take는 '이동하다,
　　　　　　　　　　　　　　　　　　　　가다'의 의미

---

11 그는 이번 주말까지 프로젝트를 끝낼 겁니다.

　　🔁 그는 끝낼 겁니다 + 그의 프로젝트를 + 이번 주말까지

　　　　　　　　　　　　　　　　　　　　• by the end of the
　　　　　　　　　　　　　　　　　　　　 week

---

12 그들은 다음 달에 아들 생일 파티를 열어 줄 겁니다.

　　🔁 그들은 열어 줄 겁니다 + 생일 파티를 + 그들의 아들을 위해 + 다음 달에

　　　　　　　　　　　　　　　　　　　　• throw
　　　　　　　　　　　　　　　　　　　　누군가를 위해 파티를 열어
　　　　　　　　　　　　　　　　　　　　줄 때는 throw를 사용

WRITING TIPS

Q during / for / while 확실하게 구분하고 정확하게 쓰는 법은?

A 영작할 때 '~ 동안'이 들어간 표현이 자주 나오죠? '점심시간 동안, 두 달 동안, 내가 일하고 있는 동안' 등 다양한 문장에 항상 나오는 것들입니다. 이때 during, for, while 중에 어떤 전치사 또는 접속사를 써야 할지 헷갈리는 경우가 생겨요. during, for, while은 서로 비슷한 것 같지만 각각 다른 의미와 방식으로 쓰이므로 확실하게 정리해 두세요.

1. during: [전치사] ~ 동안, ~ 중에, ~에

* 어떤 일이 일어나는 특정한 주기를 나타내기 위해 쓰는 전치사

* during + 특정 기간을 나타내는 명사, 명사구

I fell asleep **during** the movie.
그 영화 나오는 동안 잠이 들었어요.
→ 영화가 상영되는 특정한 주기를 나타냄

I'll buy it **during** the sale.
세일 기간에 그걸 살 거예요.
→ 세일이 진행되는 특정한 주기를 나타냄

2. for: [전치사] ~ 동안

* 지속되는 시간, 시간의 길이를 나타내기 위해 사용하는 전치사

* for + 구체적인 시간 표현

I waited in line **for** two hours.
나는 2시간 동안 줄 서서 기다렸어요.
→ 지속된 기간이 2시간

I lived in France **for** five years.
나는 프랑스에서 5년 동안 살았어요.
→ 지속된 기간이 5년

3. while: [접속사] ~하는 동안, (다른 일과 동시에) ~하면서

* 두 가지 일이 동시에 일어났음을 나타낼 때 사용
* while + 문장(주어 + 동사)

I was studying **while** you were sleeping.
네가 자고 있는 동안 나는 공부하고 있었어.

He broke his glasses **while** <u>playing basketball</u>.
그는 농구하다가 안경을 깨뜨렸어.
→ 밑줄 친 문장은 원래 while he was playing basketball인데, 주절의 주어(He)와
동일한 주어와 be동사 was가 생략된 것이며, 이런 형태로 굉장히 많이 쓰임

• **during vs. for vs. while**

During the summer, I took a long vacation.
여름 동안 난 길게 휴가를 갔다.

I went on vacation **for** two months.
난 두 달 동안 휴가를 갔다.

While I was on vacation, I visited several countries.
휴가 가 있는 동안 난 여러 나라를 방문했다.

어제 전기가 나갔을 때 나는 내 방에서 책을 읽고 있었어요.

과거의 어떤 순간을 기준으로 그 전부터 하고 있었던 일은 과거진행으로 말합니다. 'OO가 ~하고 있었다'의 뼈대를 먼저 세우고 나머지 요소들을 연결하면 되지요. 주어에 맞는 be동사 과거형(was, were) + Ving를 쓰면 뼈대 문장이 완성됩니다. 과거의 특정한 시점을 설명하는 수식어와 함께 써 주면 의미가 명확해지고 더 확장된 문장이 됩니다.

| 나는 읽고 있었어요 | + 책 한 권을 + 내 방에서 + 전기가 나갔을 때 + 어제 |

STEP 1 전체 문장 완성하기

다음 문장을 힌트 단어를 보면서 완성해 보세요. **MP3 014**

1 나는 읽고 있었어요

• read
am의 과거형은 was

2 나는 읽고 있었어요 / 책 한 권을

• a book

3 나는 읽고 있었어요 / 책 한 권을 / 내 방에서

• in my room

4 나는 읽고 있었어요 / 책 한 권을 / 내 방에서 / 전기가 나갔을 때

• when the power went out
과거의 어떤 순간인지를 과거 시제로 설명

5 나는 읽고 있었어요 / 책 한 권을 / 내 방에서 / 전기가 나갔을 때 / 어제

• yesterday

Ans. I was reading a book in my room when the power went out yesterday.

비가 내리기 시작했을 때 그들은 야구를 하고 있었어요.

그들은 하고 있었어요 + 야구를 + 비가 내리기 시작했을 때

1 그들은 하고 있었어요

• play
– are의 과거형은 were
– '운동 경기를 하다'는 동사 play로 표현

2 그들은 하고 있었어요 / 야구를

• baseball

3 그들은 하고 있었어요 / 야구를 / 비가 내리기 시작했을 때

• it started to rain
과거 시제 문장 앞에 when을 붙이면 '~했을 때'

당신이 자는 동안 나는 시험 공부를 하고 있었어요.

나는 공부하고 있었어요 + 그 시험을 위해 + 당신이 자는 동안에

1 나는 공부하고 있었어요

• study

2 나는 공부하고 있었어요 / 그 시험을 위해

• the exam
치기로 확정된 시험이라서 the를 씀

3 나는 공부하고 있었어요 / 그 시험을 위해 / 당신이 자는 동안에

• while you were sleeping
다른 일과 동시에 '~하는 동안에'는 접속사 while로 표현

당신이 자는 동안 나는 내 방에서 영화를 보고 있었어요.

나는 보고 있었어요 + 영화 한 편을 + 내 방에서 + 당신이 자는 동안에

• watch a movie

STEP 2 응용하여 쓰기

다음 우리말의 영어 구조를 보고 영어로 문장을 써 보세요. **MP3 014**

1 그는 어젯밤에 자기 사무실에서 늦게까지 일하고 있었어요

  🗲 그는 일하고 있었어요 + 늦게 + 그의 사무실에서 + 어젯밤에

- work late

---

2 옆방에서 아이들이 크게 웃고 있었어요.

  🗲 그 아이들이 웃고 있었어요 + 크게 + 그 옆방에서

- loudly
- next room

주어가 복수형일 때
be동사 과거형은 were

---

3 그녀가 들어왔을 때 나는 진공청소기로 바닥을 청소하고 있었어요.

  🗲 나는 진공청소기로 청소하고 있었어요 + 그 바닥을 + 그녀가 들어왔을 때

- vacuum the floor
- when she came in

vacuum은 '진공청소기'와
'진공청소기로 ~을 청소하
다'의 뜻 두 가지

---

4 오랜 친구를 만났을 때, 그녀는 식료품 쇼핑을 하고 있었어요.

  🗲 그녀가 만났을 때 + 그녀의 오랜 친구를, + 그녀는 쇼핑을 하고 있었어요
    + 식료품을 위해

- shop for groceries

when이 이끄는 부사절이 먼
저 나올 수도 있는데, 이때는
부사절 뒤에 콤마 넣기

---

5 손님이 도착했을 때 그 셰프는 특별한 요리를 준비하고 있었어요.

  🗲 그 셰프는 준비하고 있었어요 + 특별한 요리를 + 그 손님이 도착했을 때

- a special dish

---

6 매니저가 우리에게 합류했을 때 우리는 그 프로젝트에 대해 논의 중이었어요.

  🗲 우리는 논의 중이었어요 + 그 프로젝트를 + 그 매니저가 합류했을 때 + 우리에게

- discuss
- join us

discuss, join은 전치사 없이
대상어가 바로 위치

---

7 그 사고를 봤을 때 그녀는 공원에서 조깅하고 있었어요.

↻ 그녀는 조깅하고 있었어요 + 그 공원에서 + 그녀가 봤을 때 + 그 사고를

• see the accident

---

8 새들이 오늘 아침 일찍 노래하고 있었어요.

↻ 그 새들이 노래하고 있었어요 + 일찍 + 오늘 아침

• this morning

---

9 그녀가 이메일을 쓰던 중에 컴퓨터가 멈췄어요.

↻ 그 컴퓨터가 멈췄어요 + 그녀가 쓰고 있던 도중에 + 이메일을

• freeze
• write an email
– while이 이끄는 문장을 과거진행 시제로
– '컴퓨터가 멈추다'는 stop 이 아니라 freeze로 표현

---

10 내가 방 안으로 걸어 들어갔을 때, 그들은 영화를 보고 있었어요.

↻ 내가 걸어 들어갔을 때 + 그 방 안으로, + 그들은 보고 있었어요 + 영화 한 편을

• walk into
when이 이끄는 문장을 과거 시제로

---

11 벨이 울렸을 때 선생님은 수업을 설명하고 있었어요.

↻ 그 선생님은 설명하고 있었어요 + 그 수업을 + 그 벨이 울렸을 때

• the lesson
'벨이 울렸다'는 the bell rang

---

12 어젯밤 당신에게 전화했을 때 뭘 하고 있었어요?

↻ 무엇을 + 당신은 하고 있었어요 + 내가 전화했을 때 + 당신에게 + 어젯밤에

• what were you doing
의문문일 때 주어와 be의 순 서가 바뀜

나는 항상 파리에 가 보고 싶었어요.

영어 문장에서 '주어 + 서술어' 뼈대부터 세우는 것이 중요한 이유는 서술어의 시제가 문장 전체의 의미를 명확하게 해 주기 때문입니다. 영어의 특징을 나타내는 시제 중 하나인 현재완료는 과거에도 그랬고, 현재도 그렇다는 것을 나타낼 때 씁니다. 그래서 현재완료로 쓰인 문장을 읽거나 듣는 사람은 '과거에도 그랬는데, 지금도 그렇구나'라고 이해하죠. 위의 문장은 과거에도 파리에 가 보고 싶었고, 현재도 여전히 그렇다는 것을 뜻합니다. 이때 동사 형태를 have/has + p.p.(과거분사)로 씁니다.

 나는 항상 원했어요 + 가 보는 것을 + 파리에

STEP 1 전체 문장 완성하기

다음 문장을 힌트 단어를 보면서 완성해 보세요. **MP3 015**

1 나는 항상 원했어요

• want

'과거부터 현재까지 계속 원했다'는 뉘앙스라서 have + p.p. 현재완료 시제! always는 have와 p.p. 사이에 위치

2 나는 항상 원했어요 / 가 보는 것을

• visit

'~하기를 원하다'는 want 뒤에 'to + 동사원형'

3 나는 항상 원했어요 / 가 보는 것을 / 파리에

• Paris

Ans. I've always wanted to visit Paris.

* 현재완료 문장의 기본 형태는 have/has + p.p.(과거분사)이며 주어와 have/has를 축약해서 쓸 수 있어요.
  I/you/we/they have (= I've, you've, we've, they've, etc.) + p.p.
  he/she/it has (= he's, she's, it's, etc.) + p.p.

<table>
<tr><td>유제
1</td><td>그는 항상 파일럿이 되는 걸 꿈꿔 왔어요.
그는 항상 꿈꿔 왔어요 + 파일럿이 되는 것을</td></tr>
</table>

1	그는 항상 꿈꿔 왔어요	• dream of 과거부터 현재까지 꿈꿔 왔다는 의미이며, dream의 p.p.는 dreamed
2	그는 항상 꿈꿔 왔어요 / 되는 것을	• become 전치사 of 뒤에 동사형이 올 때는 Ving로
2	그는 항상 꿈꿔 왔어요 / 되는 것을 / 파일럿이	• a pilot

<table>
<tr><td>유제
2</td><td>그녀는 2020년부터 같은 회사에서 일해 왔어요.
그녀는 일해 왔어요 + 같은 회사에서 + 2020년부터</td></tr>
</table>

1	그녀는 일해 왔어요	• work
2	그녀는 일해 왔어요 / 같은 회사에서	• at the same company
3	그녀는 일해 왔어요 / 같은 회사에서 / 2020년부터	• since 2020 현재완료 시제에 since를 쓰면 (과거 어느 시점) ~부 터 '지금까지의' 뜻

<table>
<tr><td>유제
응용</td><td>고등학교 때부터 이 회사에서 일하는 것을 꿈꿔 왔어요.
나는 꿈꿔 왔어요 + 일하는 것을 + 이 회사에서 + 고등학교 때부터</td><td>• since high school</td></tr>
</table>

다음 우리말의 영어 구조를 보고 영어로 문장을 써 보세요. **MP3 015**

---

1 그들은 어린 시절부터 친구였어요.(지금도 친구예요.)

↻ 그들은 ~였어요 + 친구들 + 어린 시절부터

• **childhood**

예전에도 친구였고 지금까지
친구이므로 have p.p.

---

2 그는 어렸을 때부터 매 여름마다 조부모님을 찾아 뵈었어요.(지금도 찾아 뵈어요.)

↻ 그는 찾아 뵈었어요 + 그의 조부모님을 + 매 여름마다 + 어렸을 때부터

• **every summer**

3인칭 단수 주어일 때는 has
+ p.p.

---

3 저는 늘 그 해변을 아주 좋아했어요.(지금도 좋아해요.)

↻ 나는 늘 아주 좋아했어요 + 그 해변을

• **the beach**

'아주 좋아하다, 즐기다'의
의미로 동사 love 사용

---

4 우리는 늘 함께 시간을 보내는 것을 즐겼어요.(지금도 즐겨요.)

↻ 우리는 늘 즐겼어요 + 시간을 보내는 것을 + 함께

• **spend time**

enjoy 뒤에 대상어가 동사
형태로 올 때는 Ving로

---

5 그들은 항상 서로의 꿈을 지지해 왔어요.(지금도 지지해요.)

↻ 그들은 항상 지지해 왔어요 + 서로의 꿈들을

• **each other's
  dreams**

support의 p.p.는
supported

---

6 나는 뉴욕에서 5년 동안 살았어요.(지금도 살고 있어요.)

↻ 나는 살았어요 + 뉴욕에서 + 5년 동안

• **for five years**

뉴욕에 5년 전에
살기 시작해서
지금까지 살았으므로
have p.p. 현재완료

---

7 그녀는 이 중학교에서 10년간 영어를 가르쳤어요.(지금도 가르쳐요.)

🔄 그녀는 가르쳤어요 + 영어를 + 이 중학교에서 + 10년 동안

- middle school

teach의 p.p형은 taught

---

8 나는 이 코트를 몇 년 동안 가지고 있는데, 겨울마다 나를 따뜻하게 해 줬어요.

🔄 나는 가지고 있었어요 + 이 코트를 + 몇 년 동안, + 그리고 +
그것은 계속해 줬어요 + 나를 + 따뜻한 상태로 + 겨울마다

- for years
- keep me warm

have의 p.p.는 had,
keep의 p.p.는 kept

---

9 마크는 10년 넘게 호신술을 연습했어요.(지금도 연습해요.)

🔄 마크는 연습했어요 + 호신술을 + 10년이 넘는 동안

- martial arts
- over a decade

decade는 '10년'의 의미로,
'10년이 넘는, 10년 이상'은
over a decade

---

10 우리는 이 순간을 아주 오랫동안 기다려 왔어요.(지금도 기다려요.)

🔄 우리는 기다려 왔어요 + 이 순간을 + 아주 오랫동안

- for so long

'~을 기다리다'는 전치사 for
를 써서 wait for

---

11 그녀는 대학 때부터 같은 차를 갖고 있어요.(지금도 가지고 있어요.)

🔄 그녀는 갖고 있었어요 + 같은 차를 + 대학 때부터

- since college

---

12 그는 어렸을 때부터 피아노를 쳤어요.(지금도 쳐요.)

🔄 그는 연주했어요 + 피아노를 + 그가 어린이였을 때부터

- he was a child

since 뒤에 '주어 + 동사'의
문장이 올 수도 있는데, 이때
동사는 과거형으로 써서 '과
거 어느 시점부터 현재까지'
의 의미를 구체적으로 설명

지금까지 10개 이상의 나라에 여행을 가 봤어요.

경험은 우리가 살면서 과거부터 현재까지 겪은 일로 영어에서는 현재완료 시제로 표현할 수 있습니다. have/has + p.p. 현재완료 문장은 동사의 의미에 따라 '~했다, ~해 봤다, ~해 본 적 있다' 등으로 경험을 나타낼 수 있어요. 상대방의 경험을 물어볼 때도, '~해 본 적 있어요?' Have you ever p.p. ~? 로 말하면 됩니다. 이때 부사 ever는 특정한 때를 지칭하는 것이 아니라 (살면서 지금까지) '언젠가, 한 번쯤'이라는 뜻으로 경험을 나타내는 현재완료와 잘 어울립니다.

| 나는 여행을 가 봤어요 | + 10개 이상의 나라에 + 지금까지 |

STEP 1 전체 문장 완성하기

다음 문장을 힌트 단어를 보면서 완성해 보세요. **MP3 016**

1 나는 여행을 가 봤어요

• travel
어떤 일, 행동을 해 봤다는 경험은 현재완료 have + p.p.로 표현

---

2 나는 여행을 가 봤어요 / 10개 이상의 나라에

• more than ten countries
'~에, ~로 여행 가다'는 travel to ~

---

3 나는 여행을 가 봤어요 / 10개 이상의 나라에 / 지금까지

• so far

Ans. I have traveled to more than ten countries so far.

유제 1	당신은 유럽에 여행 가 본 적 있나요? 당신은 (언젠가) 여행 가 본 적 있나요 + 유럽에

1 당신은 (언젠가) 여행 가 본 적 있나요

- **Have you ever**
  - −현재완료 의문문은 주어와 have의 위치만 바꿔서 Have you p.p. ∼?
  - −'지금까지, 언젠가'의 의미로 ever를 넣어 '현재완료 경험'의 의미를 더 강조

2 당신은 (언젠가) 여행 가 본 적 있나요 / 유럽에

- **Europe**

유제 2	당신은 그 영화를 본 적이 있나요? 당신은 (언젠가) 본 적이 있나요? + 그 영화를

1 당신은 (언젠가) 본 적이 있나요

- **see**
  see의 p.p.는 seen

2 당신은 (언젠가) 본 적이 있나요 / 그 영화를

- **that movie**

유제 응용	나는 그 영화를 세 번 봤어요. 나는 봤어요 + 그 영화를 + 세 번

- **three times**
  '∼번(회)'를 표현할 때
  한 번: once
  두 번: twice
  세 번: three times
  네 번: four times ...

1 그는 그의 경력 동안 몇몇 유명한 사람들을 만났어요.

   ↻ 그는 만났어요 + 몇몇 유명한 사람들을 + 그의 경력 동안

• during his career

'~해 봤다, ~했다'의 경험을 말할 때는 현재완료 시제로

---

2 나는 이렇게 아름다운 일몰은 내 평생 본 적이 없어요.

   ↻ 나는 본 적이 없어요 + 이렇게 아름다운 일몰을 + 내 평생에

• such a beautiful sunset
• in my life

한번도 해 본 경험이 없을 때 는 have/has never p.p.

---

3 나는 스쿠버 다이빙을 한번도 해 본 적이 없어요.

   ↻ 나는 한번도 해 본 적이 없어요 + 스쿠버 다이빙을 + 전에

• try scuba diving
• before

한번도 해 본 경험이 없을 때 는 have/has never p.p.

---

4 로마에 가 본 적이 있나요?

   ↻ 당신은 (언젠가) 가 본 적이 있나요 + 로마에

• Rome

– '~에 가 본 적이 있다'는 have been to ~
– 현재완료 의문문은 Have you p.p. ~?

---

5 나는 인도에는 두 번 가 봤지만, 중국은 한번도 가 본 적이 없어요.

   ↻ 나는 가 봤어요 + 인도에 + 두 번, 하지만 + 나는 한번도 가 본 적이 없어요 + 중국에

• never been to

'가 본 적이 있다'를 have gone으로 하지 않도록 주의. 이 표현은 '가 버리고 여기 없다'의 의미.

---

6 나는 그에게서 그 이야기를 수없이 들었어요.

   ↻ 나는 들었어요 + 그 이야기를 + 그에게서 + 수없이

• that story
• countless times

hear의 p.p.는 heard

---

7 그녀는 해리포터 시리즈의 모든 책을 읽었어요.

⟳ 그녀는 읽었어요 + 모든 책들을 + 해리포터 시리즈에 있는

- in the *Harry Potter series*

과거부터 한 일이 현재는 완료된 상태일 때에도 현재완료 have/has p.p.

---

8 그는 최근에 보호소에서 고양이 두 마리를 입양했습니다.

⟳ 그는 최근에 입양했어요 + 두 마리 새끼 고양이를 + 그 보호소로부터

- adopt
- kittens
- from the shelter

recently(최근에)의 위치는 have와 p.p. 사이, 또는 문장 맨 끝

---

9 나는 오늘 많은 일을 했어요.

⟳ 나는 했어요 + 많은 일을 + 오늘

- a lot of work

do의 p.p.는 done

---

10 그는 이미 그 쇼의 최신 에피소드를 봤어요

⟳ 그는 이미 봤어요 + 그 최신 에피소드를 + 그 쇼의

- the latest episode
– already의 위치는 have와 p.p. 사이
– 영어에서는 TV 등에서 방영되는 프로그램을 show 라고 표현

---

11 내가 그렇게 하라고 당신에게 이미 말했잖아요.

⟳ 내가 이미 말했잖아요 + 당신에게 + 그렇게 하라고

- to do that
– tell의 p.p.는 told
– tell + someone + to 동사원형 '~에게 …하라고 말하다'

---

12 나는 요가 수업에 등록하기로 방금 결정했어요.

⟳ 나는 방금 결정했어요 + 등록하기로 + 요가 수업에

- decide
- enroll in
– just의 위치는 have와 p.p. 사이
– 'decide + to 동사원형'은 '~하기로 결정하다'

UNIT 10
현재완료진행

그들은 집을 사기 위해 5년 동안 돈을 모으고 있어요.

과거의 어떤 순간부터 계속해 온 일이 현재에도 끝나지 않고 진행 중일 때, 현재완료진행 시제를 씁니다. 문장의 서술어를 'have/has been Ving' 형태로 써 주면 되지요. 현재완료진행은 현재완료(have p.p)와 진행(be Ving)을 한 번에 표현해 주는 시제입니다. 위의 문장은 5년 전부터 돈을 모으기 시작해서 지금도 계속 모으고 있고, 앞으로도 모을 계획이라는 걸 의미해요.

| 그들은 모으고 있어요 | + 돈을 + 집을 사기 위해 + 5년 동안 |

STEP 1 전체 문장 완성하기

다음 문장을 힌트 단어를 보면서 완성해 보세요. **MP3 017**

1. 그들은 모으고 있어요

● **save**
과거부터 쭉 해 온 일이 지금도 진행 중일 때, have been Ving의 현재완료진행 쓰기

---

2 그들은 모으고 있어요 / 돈을

● **money**

---

3 그들은 모으고 있어요 / 돈을 / 집을 사기 위해

● **buy a house**
'~하기 위해서'는 to + 동사원형

---

4 그들은 모으고 있어요 / 돈을 / 집을 사기 위해 / 5년 동안

● **for five years**
'얼마간의 기간 동안'은 for

> **Ans.** They've been saving money to buy a house for five years.

유제 1

나는 이 밴드의 음악을 몇 년째 듣고 있어요.

나는 듣고 있어요 + 이 밴드의 음악을 + 몇 년 동안

1 나는 듣고 있어요

• listen to

과거부터 쭉 해 온 일이 지금도 진행 중일 때 have been Ving 현재완료진행형

2 나는 듣고 있어요 / 이 밴드의 음악을

• this band's music

3 나는 듣고 있어요 / 이 밴드의 음악을 / 몇 년 동안

• for years

유제 2

우리는 2015년부터 이 도시에서 살고 있어요.

우리는 살고 있어요 + 이 도시에서 + 2015년부터

1 우리는 살고 있어요

• live

2 우리는 살고 있어요 / 이 도시에서

• in this city

3 우리는 살고 있어요 / 이 도시에서 / 2015년부터

• since 2015

'(과거 어느 시점) ~부터 지금까지'는 since

유제 응용

부모님은 3주째 유럽 여행을 하고 계세요.

내 부모님은 여행을 하고 계세요 + 유럽에서 + 3주 동안

• travel in Europe

---

1 나는 지난주부터 이 프로젝트를 진행하고 있어요.

  ↻ 나는 진행하고 있어요 + 이 프로젝트를 + 지난주부터

• work on
현재완료진행 시제로
have been Ving

---

2 그들은 지난달부터 곧 있을 축제를 준비하고 있어요.

  ↻ 그들은 준비하고 있어요 + 다가오는 그 축제를 + 지난달부터

• prepare for
• the upcoming festival

---

3 난 그 식당에 대해 좋은 이야기를 많이 듣고 있어요.

  ↻ 나는 듣고 있어요 + 많은 좋은 말들을 + 그 식당에 대해

• a lot of good things
thing은 상황을 설명하는 '말'의 의미도 포함

---

4 나는 한 시간 이상 여기서 기다리고 있어요.

  ↻ 나는 기다리고 있어요 + 여기서 + 한 시간 이상 동안

• for over an hour
'얼마간의 기간 동안'은 for

---

5 그녀는 지난 2년 동안 책을 쓰고 있어요.

  ↻ 그녀는 쓰고 있어요 + 책 한 권을 + 지난 2년 동안

• the last two years
3인칭 단수 주어 + has been Ving

---

6 아이들은 오후 내내 밖에서 노는 중이에요.

  ↻ 그 아이들은 노는 중이에요 + 밖에서 + 오후 내내

• all afternoon

---

7 당신에게 중요한 것에 대해 말하고 싶었어요.

⟳ 나는 하고 싶었어요 + 말하는 것을 + 당신에게 + 중요한 것에 대해

- talk to
- something important

'to + 동사원형'으로 문장 확장

---

8 그가 어제부터 당신에게 전화 연락하려고 애쓰고 있어요.

⟳ 그는 애쓰고 있어요 + 연락하려고 + 당신에게 + 전화로 + 어제부터

- reach
- on the phone

'~하려고 애쓰다'는 try to + 동사원형

---

9 그녀는 대학을 졸업한 이후 줄곧 그 학교에서 가르치고 있어요.

⟳ 그녀는 가르치고 있어요 + 그 학교에서 + 그녀가 졸업한 이후 + 대학을

- graduate from college

'(과거 어느 시점) ~부터 지금까지'는 since

---

10 오늘 아침부터 비가 오고 있어요.

⟳ 비가 오고 있어요 + 오늘 아침부터

- this morning

날씨를 말하는 문장의 주어는 it

---

11 여기서 일한 지 얼마나 오래 되었어요?

⟳ 얼마나 오래 + 당신은 일해 오고 있나요 + 여기서

- how long

의문문 어순 지키기: (의문사) + have you been Ving ~?

---

12 운동한 지 얼마나 오래 되었나요?

⟳ 얼마나 오래 + 당신은 운동해 오고 있나요

- work out

UNIT 11
조동사 can

내 여동생은 기타를 아주 아름답게 연주할 수 있어요.

영어는 문장의 의도와 뉘앙스를 분명히 해 주기 위해 조동사를 사용합니다. 이때 문장의 서술어로 쓰이는 동사의 의미에 뜻을 더하기 위해 '주어 + 조동사 + 동사원형'의 어순이 되지요. 여기서는 '능력, 가능, 허가' 등 다양한 의미와 쓰임이 있는 조동사 can을 이용해 영작해 봅시다.

| 내 여동생은 연주할 수 있어요 | + 기타를 + 아주 아름답게 |

STEP 1 전체 문장 완성하기

다음 문장을 힌트 단어를 보면서 완성해 보세요.   MP3 018

1   내 여동생은 연주할 수 있어요

● can play
'~할 수 있다' 능력을
나타낼 때는 조동사 can

2   내 여동생은 연주할 수 있어요 / 기타를

● the guitar
'악기를 연주하다'라고 할 때
악기 이름 앞에 the를 붙여
play the + 악기

3   내 여동생은 연주할 수 있어요 / 기타를 / 아주 아름답게

● so beautifully

> **Ans.** My sister can play the guitar so beautifully.

<table>
<tr>
<td>유제
1</td>
<td>당신은 스페인어를 유창하게 말할 수 있나요?
당신은 말할 수 있나요 + 스페인어를 + 유창하게</td>
</tr>
</table>

1 당신은 말할 수 있나요

- **Can you**
  '~할 수 있나요?'라고 질문할 때, Can you + 동사원형 ~?

2 당신은 말할 수 있나요 / 스페인어를

- **Spanish**

3 당신은 말할 수 있나요 / 스페인어를 / 유창하게

- **fluently**

<table>
<tr>
<td>유제
2</td>
<td>나는 내일 오후까지 그 프로젝트를 끝낼 수 있어요.
나는 끝낼 수 있어요 + 그 프로젝트를 + 내일 오후까지</td>
</tr>
</table>

1 나는 끝낼 수 있어요

- **finish**
  어떤 일이 '가능'하다고 할 때도 조동사 can

2 나는 끝낼 수 있어요 / 그 프로젝트를

- **the project**

3 나는 끝낼 수 있어요 / 그 프로젝트를 / 내일 오후까지

- **by**
  완료 시점, 마감일의 '~까지'는 by

<table>
<tr>
<td>유제
응용</td>
<td>내일까지 보고서를 확실히 끝낼 수 있나요?
당신은 확실하게 할 수 있나요 + 끝내는 것을 + 그 보고서를 + 내일까지</td>
<td>- **make sure**
'make sure to + 동사원형'은 '확실히 ~하다'</td>
</tr>
</table>

93

1 나는 맛있는 라자냐를 요리할 수 있어요.

↻ 나는 요리할 수 있어요 + 맛있는 라자냐를

- lasagna
- '~할 수 있다' 능력을 나타낼 때는 조동사 can
- lasagna는 셀 수 있는 명사

---

2 그는 체육관에서 무거운 역기를 들 수 있어요.

↻ 그는 들어올릴 수 있어요 + 무거운 역기를 + 체육관에서

- lift
- weights
- gym

---

3 그녀는 3시간 내로 마라톤을 달릴 수 있어요.

↻ 그녀는 달릴 수 있어요 + 마라톤을 + 3시간 이내에

- a marathon

'3시간 이내에'는 in under 3 hours

---

4 도서관의 세 번째 통로에서 고전 소설들을 찾을 수 있어요.

↻ 당신은 찾을 수 있어요 + 몇몇 고전 소설들을 + 그 도서관의 세 번째 통로에서

- classic novels
- library's third aisle

어떤 일이 '가능'하다고 할 때도 조동사 can

---

5 나는 춤은 잘 못 추지만, 노래는 잘 부를 수 있어요.

↻ 나는 춤을 못 춥니다 + 잘, + 하지만 + 나는 노래를 부를 수 있어요 + 잘

- dance well
- can의 부정형은 cannot, 축약형은 can't
- '~할 수 없다'는 can't + 동사원형

---

6 그들은 다음 주 토요일에 내 생일 파티에 못 와요.

↻ 그들은 올 수 없어요 + 내 생일 파티에 + 다음 주 토요일에

- make it

make it은 '(모임 등에) 가다, 참석하다'라고 할 때 자주 쓰는 표현

---

7 당신은 수동기어 자동차를 운전할 수 있나요?

🔄 당신은 운전할 수 있나요 + 수동기어 자동차를

- a manual car

조동사 can의 의문문은 Can
+ 주어 ~?

---

8 잠시 펜 좀 빌릴 수 있을까요?

🔄 내가 빌려도 될까요 + 당신의 펜을 + 잠시 동안

- borrow
- for a minute

'내가 ~해도 될까요?'라고
허가, 허락을 구할 때는
Can I + 동사원형 ~?

---

9 당신 집에서 하룻밤 묵어도 될까요?

🔄 내가 묵어도 될까요 + 하룻밤 동안 + 당신의 집에서

- at your place

– '하룻밤 머무르다, 묵어가
다'는 stay overnight

– house는 '단독 주택'을 의
미하기에 그런 것 따지지
않고 '집'을 나타낼 때는
place

---

10 차를 진입로에 주차해도 됩니다.

🔄 당신은 주차해도 됩니다 + 당신의 차를 + 진입로에

- in the driveway

can이 '해도 된다'의 허가의
의미도 있으므로
You can + 동사원형

---

11 숙제를 끝낸 후 나가도 됩니다.

🔄 당신은 나가도 됩니다 + 끝낸 후에 + 당신의 숙제를

- go out
- after finishing

---

12 당신 노트북이 작동하지 않으면 제 노트북을 사용해도 됩니다.

🔄 당신은 사용해도 됩니다 + 제 노트북을 + 당신의 것이 작동하지 않으면

- laptop
- if yours is not
  working

You can + 동사원형은
'당신은 ~해도 됩니다'

저에게 정보를 보내 주시겠어요?

단어 자체만 보면 could는 can의 과거형이지만, '~할 수 있었다'라는 '과거' 의미 외에 다양한 의미와 뉘앙스를 나타냅니다. Can you ~? 대신에 Could you ~?를 사용하면, '(당신이) ~해 주시겠어요?' 라고 상대방에게 예의 있게 요청, 부탁하는 문장이 됩니다. 또, Can I ~? 대신에 Could I ~?를 사용하면 '제가 ~해도 될까요?' 하고 공손하게 허가를 구하는 표현이 되지요. could는 can의 직접적인 느낌을 약하게 만들어, 부드럽게 '제안'할 때도 자주 씁니다. We could go for a walk after dinner. (저녁 식사 후 우리가 산책하러 갈 수도 있겠어요.)

당신이 보내 주시겠어요	+ 저에게 + 그 정보를

STEP 1 전체 문장 완성하기

다음 문장을 힌트 단어를 보면서 완성해 보세요. MP3 **019**

1 당신이 보내 주시겠어요

● **Could you send**

Could you ~?는
Can you ~?보다 공손하고
예의 있는 표현

2 당신이 보내 주시겠어요 / 나에게

● **me**

3 당신이 보내 주시겠어요 / 나에게 / 그 정보를

● **the information**

Ans. **Could you send me the information?**

유제 1	그것을 한 번 더 설명해 주시겠어요? **당신이 설명해 주시겠어요 + 그것을 + 한 번 더**

1	당신이 설명해 주시겠어요	• **Could you explain** 상대방에서 공손하게 부탁, 요청할 때는 Could you + 동사원형 ~?을 사용

2	**당신이 설명해 주시겠어요** / 그것을	• **that**

3	**당신이 설명해 주시겠어요** / **그것을** / 한 번 더	• **one more time**

유제 2	다음 주에 하루 휴가를 내도 될까요? **제가 ~해도 될까요 + 하루 휴가를 내는 것을 + 다음 주에**

1	제가 ~해도 될까요	• **Could I** Could I + 동사원형 ~?은 '내가 ~해도 될까요?' 하고 예의 있게 허락, 허가를 구하 는 표현

2	**제가 ~해도 될까요** / 하루 휴가 내는 것을	• **take a day off** '하루 휴가를 얻다'는 take a day off

3	**제가 ~해도 될까요** / **하루 휴가 내는 것을** / 다음 주에	• **next week**

유제 응용	잠깐 통화 좀 하게 당신 전화를 사용해도 될까요? **제가 사용해도 될까요 + 당신의 전화를 + 잠깐의 통화를 위해**	• **for a quick call**

1 나갈 때 불을 꺼 주시겠어요?

　　○ 당신이 꺼 주시겠어요 + 불을 + 당신이 나갈 때

- the lights
- you leave
'~할 때'는 'when 주어 + 동사' 형태로 연결

---

2 이 소프트웨어 사용법을 저에게 가르쳐 주시겠어요?

　　○ 당신이 가르쳐 주시겠어요 + 나에게 + 사용하는 방법을 + 이 소프트웨어를

- show me
show는 '(~하는 방법을) 가르쳐 주다'로 teach의 의미
- how to use
'~하는 방법'은
how to + 동사원형

---

3 회의 전에 제안서를 검토해 주시겠어요?

　　○ 당신이 검토해 주시겠어요 + 그 제안서를 + 그 회의 전에

- review
- proposal
- before

---

4 내일 파티에 친구를 데려가도 될까요?

　　○ 제가 데려가도 될까요 + 제 친구를 + 그 파티에 + 내일

- bring

---

5 이 문제에 대해 당신의 조언을 구해도 될까요?

　　○ 제가 요청해도 될까요 + 당신의 조언을 + 이 문제에 대해서

- ask for
- on this matter

---

6 급한 이메일을 보내게 당신 컴퓨터를 사용해도 될까요?

　　○ 제가 사용해도 될까요 + 당신의 컴퓨터를 + 급한 이메일을 위해

- for a quick email

---

7 우리가 이번 주말에 시내에 있는 그 새로운 레스토랑을 시도해 볼 수 있겠어요.

⟳ 우리는 시도해 볼 수 있겠어요 + 그 새로운 레스토랑을 + 시내에 있는 +
이번 주말에

- **could try**

제안할 때도 could를 쓸 수 있는데, can이 강하고 직접적인 느낌이라면 could는 can보다 약한 뉘앙스

---

8 우리는 회의를 조금 더 일찍 시작할 수 있겠어요.

⟳ 우리는 시작할 수 있겠어요 + 그 회의를 + 조금 더 일찍

- **a bit earlier**

여기서 could는 '~할 수도 있어요'라고 예의 있게 제안하는 느낌

---

9 저녁 식사 후에 내가 당신의 과제를 도울 수 있겠어요.

⟳ 나는 도울 수 있겠어요 + 당신을 + 당신의 과제에 관해 + 저녁 식사 후에

- **with your assignment**

with로 명사 또는 명사구 연결

---

10 시간이 있으면, 오늘 밤 우리 영화 한 편 볼 수도 있겠어요.

⟳ 당신이 시간이 있다면 + 우리는 볼 수도 있겠어요 + 영화 한 편을 + 오늘 밤에

- **If you're free**

공손한 뉘앙스를 주는 could로 예의 있고 부드럽게 제안하는 문장

---

11 어렸을 때 나는 아주 빨리 달릴 수 있었어요.

⟳ 내가 어렸을 때 + 나는 달릴 수 있었어요 + 아주 빨리

- **I was little**

'~할 수 있었다'로 과거 능력을 말할 때는 can의 과거형 could 사용

---

12 오늘 아침에 열쇠를 찾을 수가 없었어요.

⟳ 나는 찾을 수가 없었어요 + 내 열쇠들을 + 오늘 아침에

- **couldn't**

could의 부정은 could not = couldn't (~할 수 없었다: 과거)

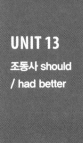

당신은 보고서를 제출하기 전에 항상 교정을 봐야 합니다.

조동사를 쓰면 문장의 뉘앙스를 분명하게 할 수 있습니다. 조동사 should는 '~하는 것이 좋겠어. (그러니까) ~해야 해'라고 '조언 또는 충고'의 뉘앙스가 있습니다. 이보다 더 강하게 표현하고 싶을 때는 had better를 써서 '경고'의 뉘앙스를 전달합니다. had better는 안 하면 큰일난다의 뉘앙스를 전하기에 윗사람에게는 잘 쓰지 않아요. 위의 문장은 교정을 보는 게 좋겠다고 충고하는 뉘앙스를 띱니다.

 당신은 항상 교정을 봐야 합니다 + 당신의 보고서를
+ 당신이 제출하기 전에 + 그것을

STEP 1 전체 문장 완성하기

다음 문장을 힌트 단어를 보면서 완성해 보세요. **MP3 020**

1 당신은 항상 교정을 봐야 합니다
- proofread
  - 조언, 충고할 때는 should
  - always 위치는 조동사 뒤, 일반동사 앞

2 당신은 항상 교정을 봐야 합니다 / 당신의 보고서를
- your report

3 당신은 항상 교정을 봐야 합니다 / 당신의 보고서를 / 당신이 제출하기 전에 + 그것을
- submit
  before(~ 전에)를 접속사로 써서 문장 연결 가능

Ans. You should always proofread your report before you submit it.

<table>
<tr><td>유제
1</td><td>가격이 급등하기 전에 빨리 비행기표를 예약해야 합니다.
당신은 예약해야 합니다 + 당신의 비행기표들을 + 빨리 + 가격이 급등하기 전에</td></tr>
</table>

1 당신은 예약해야 합니다

• book
'~하는 것이 좋겠어, ~해야 해'라고 조언, 충고할 때는 조동사 should

2 당신은 예약해야 합니다 / 당신의 비행기표들을

• flight tickets

3 당신은 예약해야 합니다 / 당신의 비행기표들을 / 빨리 / 가격이 급등하기 전에

• soon
• prices skyrocket

<table>
<tr><td>유제
2</td><td>교통 체증을 피하고 싶으면, 오후 5시 전에 떠나는 게 좋겠어요.
당신이 원한다면 + 교통 체증을 피하기를, + 당신은 떠나는 게 좋겠어요 + 오후 5시 전에</td></tr>
</table>

1 당신이 원한다면

• If
접속사 if로 '~면, ~라면'을 연결해 뼈대 문장 꾸며 주기

2 당신이 원한다면 / 교통 체증을 피하기를,

• avoid traffic jam
want to + 동사원형 '~하기를 원하다'

3 당신이 원한다면 / 교통 체증을 피하기를, / 당신은 떠나는 게 좋겠어요

• leave
조언, 충고할 때는 should

4 당신이 원한다면 / 교통 체증을 피하기를, / 당신은 떠나는 게 좋겠어요 / 오후 5시 전에 • before

<table>
<tr><td>유제
응용</td><td>몸이 아프면, 즉시 의사 진찰을 받아야죠.
당신이 느낀다면 + 아픈 상태로, + 당신은 보아야 합니다 + 의사를 + 즉시</td><td>• feel ill
• see a doctor
• immediately</td></tr>
</table>

1 환경을 보호하기 위해 우리는 쓰레기를 재활용해야 합니다.

    🔄 우리는 재활용해야 합니다 + 우리의 쓰레기를 + 환경을 보호하기 위해

- recycle
- the environment

조언, 충고할 때는 should

---

2 독특한 여행 경험을 원한다면 현지 시장을 방문해야죠.

    🔄 당신은 방문해야 해요 + 그 현지 시장들을 + 당신이 원한다면 +
독특한 여행 경험을

- a unique travel experience

---

3 그녀는 좋은 아침 식사로 하루를 시작해야 합니다.

    🔄 그녀는 시작해야 합니다 + 그녀의 하루를 + 좋은 아침 식사로

- with a good breakfast

---

4 여행자들은 늘 여권 사본을 가지고 있어야 합니다.

    🔄 여행자들은 항상 가지고 있어야 합니다 + 사본을 + 그들 여권의

- keep
- a photocopy of ~

always의 위치는 조동사와 일반동사 사이

---

5 그 카페의 치즈 케이크를 먹어 봐야 해요.

    🔄 당신은 먹어 봐야 해요 + 그 치즈 케이크를 + 그 카페에 있는

- try
- at that café

---

6 부모는 자녀들과 열린 대화를 나눠야 합니다.

    🔄 부모는 가져야 합니다 + 열린 대화들을 + 그들의 자녀들과

- open conversations

원어민은 대화를 하는 걸
'대화를 가지다'로 표현

7　당신, 카페인 섭취를 줄여야 해요(안 그럼 큰일나요).

　　🔄 당신은 줄여야 해요 + 당신의 카페인 섭취를

- reduce
- caffeine intake

should보다 강한 경고의 뉘앙스는 had better

8　번아웃을 피하려면 일하는 동안 규칙적인 휴식을 취해야 해요(안 그럼 큰일나요).

　　🔄 당신은 취해야 해요 + 규칙적인 휴식을 + 일하는 동안 + 번아웃을 피하기 위해

- take regular breaks
- avoid burnout

had better의 had와 주어가 축약되어 쓰이면 주어'd better

9　발표 내용을 확실히 보기 위해 난 안경을 써야겠어요(안 그럼 안 되겠어요).

　　🔄 나는 써야겠어요 + 내 안경을 + 그 발표 내용을 보기 위해 + 확실히

- the presentation
- clearly

10　기차 놓치고 싶지 않으면, 당신 서둘러야 해요(안 그럼 놓쳐요).

　　🔄 당신이 원하지 않는다면 + 그 기차를 놓치는 것을, + 당신은 서둘러야 해요

- If you don't want

want 뒤에 대상어는 '명사' 또는 to + 동사원형 형태로

11　전체 전시회를 보고 싶다면, 일찍 시작하는 게 좋을 겁니다(안 그럼 다 못 봐요).

　　🔄 당신이 원한다면 + 그 전체 전시회를 보는 것을 + 당신은 시작해야 합니다 + 일찍

- the entire exhibition

12　해변에 갈 때 자외선 차단제를 바르는 게 좋을 겁니다(안 그럼 다 타요).

　　🔄 당신은 발라야 합니다 + 자외선 차단제를 + 당신이 갈 때 + 그 해변에

- wear sunscreen

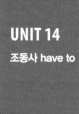

UNIT 14
조동사 have to

배터리가 거의 다 닳았기 때문에 나는 전화기를 충전해야 해요.

일상생활에서 필요나 의무에 따라 반드시 해야 하는 일들이 있습니다. 이때는 should(충고), had better(경고)와는 다른 뉘앙스인 have to를 써서 표현합니다. 기본 뼈대는 주어 + have to + 동사원형으로 'OO는 ~해야 한다'의 뜻이 됩니다. have to는 주어가 3인칭 단수일 때는 has to로, 과거형은 had to로 나타낸다는 특징이 있다는 것도 꼭 알아두세요.

* have to의 유사 표현으로 must가 있는데. 일상 표현에서는 have to를 더 자주 쓰며, must는 특히 문서로 된 규칙이나 설명에 쓰입니다.

 | **나는 충전해야 해요** | + 내 전화기를 + 배터리가 거의 다 닳았기 때문에

STEP 1 전체 문장 완성하기

다음 문장을 힌트 단어를 보면서 완성해 보세요. MP3 021

1 나는 충전해야 해요

● recharge
필요나 의무에 의해 '~해야 한다'라고 할 때는 조동사 have to

2 나는 충전해야 해요 / 내 전화기를

● my phone

3 나는 충전해야 해요 / 내 전화기를 / 배터리가 거의 닳았기 때문에

● the battery is almost dead
이유를 나타내는 문장을 연결할 때는 접속사 because

Ans. I have to recharge my phone because the battery is almost dead.

1 우리는 예약해야 해요

- reserve

필요나 의무에 의해
'~해야 한다'라고 할 때는
조동사 have to

---

2 우리는 예약해야 해요 / 테이블을 하나

- a table

---

3 우리는 예약해야 해요 / 테이블을 하나 / 그 식당은 항상 사람이 많기 때문에

- crowded

이유를 나타내는 문장을 연
결할 때는 접속사 because

---

1 나는 일어나야 해요

- get up

서술어에 뉘앙스를 더해 주
는 조동사이므로
have to + 동사원형

---

2 나는 일어나야 해요 / 일찍 / 내일

- early

---

3 나는 일어나야 해요 / 일찍 / 내일 / 나의 기차 여행을 위해

- train journey

'기차 여행'이 일찍 일어나는
이유이자 목적이므로 for로
연결

- wake up

---

1 다음 주에 친구 생일 선물을 사야 해요.

    ↻ 나는 사야 해요 + 선물 하나를 + 내 친구의 생일을 위해 + 다음 주에

- my friend's birthday

'나는 ~해야 한다'는
I have to + 동사원형

---

2 우리는 오전 11시 전에 호텔 체크 아웃을 해야 해요.

    ↻ 우리는 체크 아웃을 해야 해요 + 그 호텔에서 + 오전 11시 전에

- check out of

---

3 너 디저트 먹고 싶으면 채소 다 먹어야 해(어린아이에게 하는 말).

    ↻ 너는 다 먹어야 해 + 너의 모든 채소들을 + 네가 원한다면 + 디저트를

- finish
- dessert

'(남은 것을) 마저 먹다'라고
할 때는 finish

---

4 개조를 시작하기 전에 그들은 허가를 받아야 합니다.

    ↻ 그들은 받아야 합니다 + 허가를 + 그들이 시작하기 전에 + 그 개조를

- get permission
- renovation

'~하기 전에'로 문장을
연결할 때는 접속사 before

---

5 그녀는 읽거나 운전할 때 안경을 써야 해요.

    ↻ 그녀는 써야 해요 + 안경을 + 그녀가 읽거나 운전하고 있을 때

- wear glasses

주어가 3인칭 단수일 때
have to → has to

---

6 주말마다, 그는 할머니를 공원에 모시고 가야 해요.

    ↻ 주말마다 + 그는 모시고 가야 해요 + 그의 할머니를 + 그 공원으로

- on weekends
- take

'take + 사람 + to 장소'는
'~를 ...로 데리고 가다'

---

7 운전 면허를 따기 위해, 당신은 필기 시험과 실기 시험 둘 다 통과해야 합니다

　🔄　운전 면허를 따기 위해, + 당신은 통과해야 합니다 + 둘 다 + 필기와 실기 시험을

- to get a driver's license
- written and practical tests

'to + 동사원형'이 문장 앞에 놓여 그 의미를 강조

---

8 우리는 (물품이) 떨어지기 전에 물품을 주문해야 합니다.

　🔄　우리는 주문해야 합니다 + 물품들을 + 우리가 다 떨어지기 전에

- order supplies
- run out

'~하기 전에'는 접속사 before로 문장 연결

---

9 그들은 콘서트 전에 노래 연습을 철저히 해야 합니다.

　🔄　그들은 연습해야 합니다 + 그 노래를 + 철저히 + 그 콘서트 전에

- thoroughly

여기서 before는 전치사로 뒤에 명사를 연결

---

10 Tom은 토요일마다 할머니를 찾아뵈어야 합니다.

　🔄　Tom은 찾아뵈어야 합니다 + 그의 할머니를 + 토요일마다

- on Saturdays

주어가 3인칭 단수일 때 have to → has to

---

11 내가 지금 당장 이것을 해야 하나요?

　🔄　내가 해야 하나요 + 이것을 + 지금 당장

- right now

I have to + V의 의문문은 Do I have to + V ~?

---

12 당신, 이번 주 토요일에 출근해야 하나요?

　🔄　당신은 가야 하나요 + 직장에 + 이번 주 토요일에

- go to work

have to는 조동사이지만 의문문은 일반동사의 규칙 대로, Do you have to + V ~?

13 그녀는 모든 일을 혼자 해야만 하나요?

　↻ 그녀는 해야만 하나요 + 그 모든 일을 + 그녀 혼자서

- all the work
- by herself

주어가 3인칭 단수
Does he/she have to
+ V ~?

---

14 우리는 온라인 체크인을 해야 하나요, 아니면 공항에서 할 수 있나요?

　↻ 우리는 체크인해야 하나요 + 온라인으로 + 아니면 + 우리는 할 수 있나요 + 그것을 + 공항에서

- online
- at the airport

두 개의 문장을 'or'로 연결

---

15 오늘은 개를 데리고 산책하러 가지 않아도 됩니다.

　↻ 나는 데려가지 않아도 됩니다 + 내 개를 + 산책을 위해 + 오늘

- for a walk

have to의 부정은
don't have to:
~할 필요가 없다,
~하지 않아도 된다

---

16 우리는 주말마다 일하러 갈 필요가 없어요.

　↻ 우리는 갈 필요가 없어요 + 직장에 + 주말마다

- go to work

---

17 나에게 사과할 필요 없어요.

　↻ 당신은 사과할 필요가 없어요 + 나에게

- apologize

---

18 그는 어떤 장비도 가져올 필요가 없어요.

　↻ 그는 가져올 필요가 없어요 + 어느 장비도

- any equipment

3인칭 단수 주어 +
doesn't have to ~

WRITING TIPS

문장의 의도와 뉘앙스를 분명히 해 주는 조동사!

조동사마다 그 강도와 뉘앙스의 세기가 다릅니다. 각 조동사의 미묘한 차이를
이해하면 영작과 독해가 더 쉽고 빨라지며, 효과적인 의사소통에도 도움이 됩니다.

STRONGER

You **can** go now. ▸ You **should** go now. ▸ You **had better** go now. ▸ You **have to** go now. ▸ You **must** go now.

STRONGER

		의도와 뉘앙스
You can go now.	당신은 지금 가도 됩니다.	**허가**
You should go now.	당신은 지금 가는 것이 좋겠습니다.	**충고**
You had better go now.	당신은 지금 가는 것이 좋을 겁니다.	**경고**
You have to go now.	당신은 지금 가야 합니다.	**필요, 의무**
You must go now.	당신은 지금 꼭 가야만 합니다.	**강한 의무**

My Weekend Adventure
나의 주말 모험

오늘은 멋진 하루였어요!
- great

나는 일찍 일어나서 근처 공원을 탐험하기로 했지요.
- explore the nearby park

태양은 빛나고 있었고, 새들은 노래하고 있었어요.
- shine

공원을 향해 걸어가면서, 나는 멀리서 아이들이 웃는 소리를 들을 수 있었어요.
- as I walk towards

그 공원에서, 나는 아늑한 벤치를 발견했고
- cozy

아름다운 주변 환경을 즐기려고 앉았어요.
- sit down
- surroundings

사람들이 강아지를 산책시키고 있었고, 나는 한 무리의 친구들을 보았습니다.
- a group of friends

그들은 소풍을 하고 있었어요.
- have a picnic

난 '다음 주말에 소풍을 가 봐야겠다'고 생각했어요.
- should try

얼마 후, 나는 작은 호수로 이어지는 산책로를 탐험하기로 했어요.

호수 근처에서, 나는 오리들이 헤엄치는 것을 보았고 신선한 공기를 맡을 수 있었어요.
- could smell

호숫가에 앉아서 책 한 권을 읽었습니다.
- by the lake

너무 평화로웠습니다.
- peaceful

나중에, 나는 조깅하는 친절한 사람을 만났고,
- a friendly jogger

그는 근처에 숨은 정원에 대해 나에게 말해 주었습니다.
- a hidden garden nearby

'언제 한번 그 정원에 가 봐야 해'라고 생각했어요.
- have to vist
- sometime

저녁에, 행복하고 편안한 기분으로 집으로 돌아왔어요.

이와 같은 단순한 모험들이 주말을 특별하게 만든다는 것을 깨달았어요.
- like this

더 많은 곳을 탐험하는 것과 새로운 추억 만들기를 너무 하고 싶어요.
- can't wait to

My Weekend Adventure

_____

_____

_____

I could hear children laugh in the distance _____

_____

People were walking their dogs, and _____

_____

I thought, _____

After some time, I decided to explore the walking trail that led to a small lake.

Near the lake, I saw ducks swimming and _____

_____

_____

_____

Later, _____

_____

 I thought _____

_____, I returned home feeling happy and relaxed.

I realized that _____

_____ and create new memories.

PART 2

영작다운 영작

CHAPTER 1

수식어로 명사 자리 늘이기

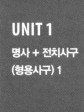

모퉁이에 있는 그 가게는 빈티지 옷을 팝니다.

영어 문장이 아무리 길고 복잡해 보여도 기본 골격인 주어 + 서술어는 갖춰야 하죠? 기본 요소가 있어야 수식어구도 붙을 수 있으니까요. 영어에서는 전치사구(전치사 + 명사)가 이런 수식어구 역할을 많이 합니다. 전치사구는 the book <u>on the table</u>(탁자 위에 있는 책), the store <u>at the corner</u>(모퉁이에 있는 가게)처럼 꾸며 줄 명사 뒤에 위치하지요. 이번 유닛에서는 이렇게 형용사처럼 쓰이는 전치사구를 영작하면서 전치사 뉘앙스도 함께 파악해 보세요.

| 그 가게는 (그 모퉁이에 있는) 팝니다 | + 빈티지 옷들을 |

STEP 1 전체 문장 완성하기

다음 문장을 힌트 단어를 보면서 완성해 보세요. **MP3 023**

1 그 가게는

• store

---

2 그 가게는 (그 모퉁이에 있는)

• at the corner
여러 장소 중 콕 찍어서 한 장소를 언급할 때는 at

---

3 그 가게는 (그 모퉁이에 있는) 팝니다

• sell
주어가 3인칭 단수이므로 -s

---

4 그 가게는 (그 모퉁이에 있는) 팝니다 / 빈티지 옷을

• vintage clothes

Ans. The store at the corner sells vintage clothes.

교차로에 있는 꽃가게는 할인을 해 줍니다.

그 꽃가게는 (그 교차로에 있는) 제공합니다 + 할인을

1   그 꽃가게는 (그 교차로에 있는)

- at the intersection

꾸며 줄 명사 뒤에 오는
전치사구(형용사구)

2   그 꽃가게는 (그 교차로에 있는) 제공합니다

- offer

주어가 3인칭 단수

3   그 꽃가게는 (그 교차로에 있는) 제공합니다 / 할인을

- a discount

'할인을 해 주다'는
offer a discount

해변에서의 불꽃놀이는 여름 축제의 하이라이트였어요.

그 불꽃놀이는 (그 해변에서의) ~였어요 + 하이라이트 + 그 여름 축제의

1   그 불꽃놀이는 (그 해변에서의)

- fireworks

불꽃놀이가 있던 장소가
해변이므로 at the beach

2   그 불꽃놀이는 (그 해변에서의) ~였어요

- be

이미 끝난 과거일이므로
be동사 과거형으로

3   그 불꽃놀이는 (그 해변에서의) ~였어요 / 하이라이트

- a highlight

4   그 불꽃놀이는 (그 해변에서의) ~였어요 / 하이라이트 / 그 여름 축제의

- festival

길 끝에 있는 식당은 최고의 해산물을 내놓습니다.

그 식당은 (그 끝에 있는 + 그 길의) 내놓습니다 + 최고의 해산물을

- at the end of the street
- serve

다음 우리말의 영어 구조를 보고 영어로 문장을 써 보세요. **MP3 023**

---

1 **맨 위 선반에 있는 책들은 희귀한 소장품들입니다.**

🔁 그 책들은 (그 맨 위 선반에 있는) ~입니다 + 희귀한 소장품들

- on the top shelf
- rare collections

어떤 표면에 닿거나 붙어 있을 때는 on

---

2 **천장에 있는 에어컨에서 소음이 나고 있어요.**

🔁 그 에어컨이 (그 천장에 있는) 만들고 있어요 + 소음을

- the AC on the ceiling
- '소음을 내다'는 make a noise로 전체 시제는 현재진행형
- 에어컨은 air conditioner 이지만, AC라고 주로 언급

---

3 **나무 테이블 위에 있는 노트북은 완전 새것입니다.**

🔁 그 노트북은 (그 나무 테이블 위에 있는) ~입니다 + 완전 새로운

- wooden table
- brand new

---

4 **그녀는 매일 밤 뉴스에 나오는 여성입니다.**

🔁 그녀는 ~입니다 + 그 여성 (뉴스에 나오는) + 매일 밤

- on the news
'뉴스에 방영되는'은 on the news

---

5 **빨간 머그잔에 든 커피는 여전히 뜨거워요.**

🔁 그 커피는 (그 빨간 머그잔 안에 있는) ~예요 + 여전히 + 뜨거운

- in the red mug
무엇 안에 들어 있거나 에워싸여 있을 때는 in(~에, ~ 안에)

---

6 **녹색 드레스를 입은 소녀가 노래를 아름답게 불렀어요.**

🔁 그 소녀가 (그 녹색 드레스를 입은) 노래를 불렀어요 + 아름답게

- in the green dress
- beautifully
옷을 입은 상태는 in을 써서 표현

---

7 매년 봄마다 정원의 꽃들이 아름답게 핍니다.

   ↻ 그 꽃들이 (그 정원에 있는) 핍니다 + 아름답게 + 매년 봄마다

- in the garden
- bloom

---

8 앞줄에 앉은 신사가 질문을 했어요.

   ↻ 그 신사가 (그 앞줄에 앉은) 물어봤어요 + 질문 하나를

- in the front row

과거 시제로

---

9 강 옆의 나무는 백 년이 넘었어요.

   ↻ 그 나무는 (그 강 옆에 있는) ～예요 + 백 년이 넘은

- by the river
- over 100 years old

---

10 그 유명한 화가의 그림들이 경매에 부쳐졌어요.

   ↻ 그 그림들이 (그 유명한 화가의) ～였어요 + 경매에 부쳐진

- by the artist
- auctioned

(auction: 경매로 팔다)

---

11 입구 근처에 있는 자전거는 내 것입니다.

   ↻ 그 자전거는 (그 입구 근처에 있는) ～입니다 + 내 것

- near the entrance

전치사 near는
'～에 가까운, ～의 근처의'

---

12 산 근처의 마을이 그림처럼 아름다워요.

   ↻ 그 마을이 (그 산 근처의) ～예요 + 그림처럼 아름다운

- picturesque

모자 쓴 남자가 나에게 손을 흔들었어요.

우리말은 명사를 수식하는 형용사가 짧든, 길든 항상 명사 앞에 옵니다. 하지만 영어는 수식어구가 길면 모두 뒤로 보내 버려요. 그래서 명사를 길게 늘여서 더 자세히 표현할 때, 명사 뒤에 수식하는 형용사구를 붙이면 됩니다. 이때 전치사구(전치사 + 명사)가 앞에 있는 명사를 꾸며 주므로 형용사구로 쓰인 것이죠. 영어의 어순대로 수식어구를 늘여 영작 연습을 해 보세요.

> **그 남자가 (모자를 쓴) 손을 흔들었어요** + 나에게

STEP 1 전체 문장 완성하기

다음 문장을 힌트 단어를 보면서 완성해 보세요. **MP3 024**

1 그 남자가 (모자를 쓴)

- **with the hat**
- '∼와 함께, ∼를 가진'은 with로 연결
- 모자와 함께 → 모자를 쓴

---

2 그 남자가 (모자를 쓴) 손을 흔들었어요

- **wave**
  이미 끝난 일은
  과거 시제로

---

3 그 남자가 (모자를 쓴) 손을 흔들었어요 / 나에게

- **at me**
  '∼에게 손을 흔들다'는
  wave at ∼

Ans. The man with a hat waved at me.

유제 1	파란색 문이 달린 그 집은 팔려고 내놓은 상태입니다.
	그 집은 (그 파란색 문이 달린) ~입니다 + 팔려고 내놓은

1 그 집은 (그 파란색 문이 달린)

- with the blue door
- '~를 가진'은 with로
- 파란색 문을 가진 → 파란색 문이 달린

3 그 집은 (그 파란색 문이 달린) ~입니다

- be

4 그 집은 (그 파란색 문이 달린) ~ 입니다 / 팔려고 내놓은

- up for sale
- '~을 위해 내놓은'은 up for ~

유제 2	안경 쓴 소년은 체스 챔피언입니다.
	그 소년은 (그 안경을 쓴) ~입니다 + 체스 챔피언

1 그 소년은 (그 안경을 쓴)

- with the glasses

2 그 소년은 (그 안경을 쓴) ~입니다

- be

3 그 소년은 (그 안경을 쓴) ~입니다 / 체스 챔피언

- a chess champion

유제 응용	위에 체리가 올라간 그 페이스트리는 맛있습니다.
	그 페이스트리는 (그 체리가 있는 + 위에) ~입니다 + 맛있는

- with the cherry
- on top

1 뉴욕발 비행기가 정시에 착륙했어요.

🔁 그 비행기가 (뉴욕에서 오는) 착륙했어요 + 정시에

- from New York
- on time

'착륙하다' land의 과거형은 landed

---

2 마케팅 부서 직원들은 회의 중입니다.

🔁 그 직원들은 (마케팅 부서의) ~ 있습니다 + 회의에

- from the marketing department
- at a conference

직원들의 소속을 나타낼 때는 from으로 연결

---

3 최신 앨범의 노래가 차트 1위를 달리고 있어요.

🔁 그 노래가 (그 최신 앨범에서 나온) + 1위를 하고 있어요 + 차트에서

- latest album
- top the charts

– top은 타동사로 바로 대상어를 취함
– top의 -ing형은 topping

---

4 1960년대 자동차들이 박물관에 전시되어 있어요.

🔁 그 자동차들이 (1960년대의) ~입니다 + 전시 중인 + 그 박물관에

- from 1960s
- on display

---

5 운하를 따라 있는 건물들은 아주 오래되었어요.

🔁 그 건물들은 (그 운하를 따라 있는) ~입니다 + 아주 오래된

- along the canal

형용사를 서술어로 쓰려면 be동사와 같이

---

6 주변 사람들이 종종 부탁을 들어 달라고 우리에게 요청합니다.

🔁 사람들이 (우리 주변에 있는) + 종종 + 요청합니다 + 우리에게 +
부탁 하나 들어 달라고 + 그들을 위해

- do a favor

– '~ 주위에, 주변에'는 around
– ask + someone + to 동사원형: '~에게 …해 달라고 요청하다'

---

7 울타리 뒤에 있는 개가 매일 아침 시끄럽게 짖어요.

  ↻ 그 개가 (그 울타리 뒤에 있는) 짖어요 + 시끄럽게 + 매일 아침

- behind the fence
- bark loudly

'~ 뒤에'는 behind

---

8 책상 아래에 있는 소년은 친구들로부터 숨어 있는 중입니다.

  ↻ 그 소년은 (그 책상 아래에 있는) 숨어 있는 중입니다 + 그의 친구들로부터

- under the desk

hide(숨다) – hiding
현재진행형으로

---

9 건물 앞에 있는 버스가 당신을 시내로 데려다 줄 겁니다.

  ↻ 그 버스가 (그 건물 앞의) + 데려다 줄 겁니다 + 당신을 + 시내로

- in front of
- take
- downtown

will을 이용해서
미래 시제로

---

10 도서관 옆에 있는 그 카페는 커피 마시기에 완벽한 장소입니다.

  ↻ 그 카페는 (그 도서관 옆에 있는) ~입니다 + 완벽한 장소 + 커피 마시기에

- next to the library
- for a coffee

next to는 바로 옆에 붙어
있는 것을 뜻하는 전치사구

---

11 입구 위 표지판은 손님들을 다국어로 환영했습니다.

  ↻ 그 표지판은 (그 입구 위의) 환영했습니다 + 손님들을 + 다국어로

- sign
- in multiple
  languages

위치가 '~보다 위에'
있을 때는 above

---

12 여름 동안의 축제는 어디서나 관광객들을 끌어들입니다.

  ↻ 그 축제는 (그 여름 동안의) 끌어들입니다 + 관광객들을 + 모든 곳에서

- during
- attract
- from everywhere

'전치사 + 명사'인 형용사구
가 앞에 있는 festival을 수식

UNIT 3
명사 + 현재분사

무대 위에서 노래 부르는 그 남자는 놀라운 목소리를 가졌어요.

명사 자리가 길어지는 건 문장의 의미를 더 정확하고 자세히 만들기 위해서 수식어구를 붙이기 때문입니다. 동사를 변형시킨 단어 중에 Ving 형태인 현재분사가 있습니다. 현재분사의 기본 성격은 능동과 진행이라, '~하고 있는, ~하는'으로 해석하지요. 이 현재분사는 동사에서 온 단어여서 해당 동사의 의미와 성격에 따라 Ving 뒤에 보충어 및 다른 수식어구가 올 수 있는데요, 이렇게 길어진 Ving가 이끄는 구는 형용사구로 수식하는 명사 뒤에 옵니다.

그 남자는 (노래 부르는 + 그 무대 위에서) 가졌어요	+ 놀라운 목소리를

STEP 1 전체 문장 완성하기

다음 문장을 힌트 단어를 보면서 완성해 보세요. MP3 025

1 그 남자는 (노래 부르는 + 그 무대 위에서)

• sing on the stage

Ving(현재분사)는 능동과 진행의 의미로 '~하고 있는, ~하는'으로 해석

---

2 그 남자는 (노래 부르는 + 그 무대 위에서) 가지고 있어요

• have

주어가 3인칭 단수인 점에 주의

---

3 그 남자는 (노래 부르는 + 그 무대 위에서) 가지고 있어요 / 놀라운 목소리를

• an incredible voice

voice는 셀 수 있는 명사

Ans. The man singing on the stage has an incredible voice.

사무실에서 울리는 전화는 아마 당신에게 온 걸 겁니다.

그 전화는 (울리는 + 그 사무실에서) ~입니다 + 아마도 + 당신을 위한

1 그 전화는 (울리는 + 그 사무실에서)

• ring in the office

---

2 그 전화는 (울리는 + 그 사무실에서) ~입니다

• be

---

3 그 전화는 (울리는 + 그 사무실에서) ~입니다 / 아마도 / 당신을 위한

• probably

탁자 위에 놓여 있는 책들은 판매용입니다.

그 책들은 (놓여 있는 + 그 탁자 위에) ~입니다 + 판매를 위한

1 그 책들은 (놓여 있는 + 그 탁자 위에)

• lie on the table
lie(놓여 있다)의 Ving형은 lying

---

2 그 책들은 (놓여 있는 + 그 탁자 위에) ~입니다

• be
주어가 3인칭 복수형

---

3 그 책들은 (놓여 있는 + 그 탁자 위에) ~입니다 / 판매를 위한

• for sale

경기장에서 연습하고 있는 팀은 큰 시합을 준비 중이에요.

그 팀은 (연습하고 있는 + 그 운동장에서) 준비 중이에요 + 큰 시합을

• on the field
• a big match

---

1 빨간 드레스를 입은 여성분이 제 이모입니다.

　↻ 그 여성분이 (입은 + 그 빨간 드레스를) ~입니다 + 나의 이모

* wear
착용해 입고 있는 것은 wear, 입는 동작은 put on

---

2 정원에서 자라는 채소들은 유기농입니다.

　↻ 그 채소들은 (자라는 + 그 정원에서) ~입니다 + 유기농인

* grow
* organic

---

3 전화 통화하고 있는 저 여자는 제 여동생입니다.

　↻ 저 여자는 (말하는 + 전화로) ~입니다 + 나의 여동생

* talk on the phone

---

4 도서관에서 공부하는 학생들은 시험을 준비하고 있어요.

　↻ 그 학생들은 (공부하는 + 그 도서관에서) 준비하고 있어요 + 시험들을

* prepare for exams

---

5 축제에서 연주하는 그 밴드가 많은 관심을 받고 있어요.

　↻ 그 밴드는 (연주하는 + 그 축제에서) 받고 있어요 + 많은 관심을

* get a lot of attention

---

6 숨바꼭질하는 아이들이 아주 재미있게 놀고 있어요.

　↻ 그 아이들이 (숨바꼭질하는) 아주 재미있게 놀고 있어요

* play hide and seek
* have fun

---

7 그녀는 불편함을 사과하는 편지를 받았어요.

↻ 그녀는 받았어요 + 편지 한 통을 (사과하는 + 그 불편함에 대해)

- receive
- apologize for the inconvenience

apologize for ~는 '~에 대해 사과하다'

---

8 그녀는 시끄럽게 짖는 개들을 무서워해요.

↻ 그녀는 무서워해요 + 개들을 (짖는 + 시끄럽게)

- bark loudly

'~을 무서워하다'는 be scared of~

---

9 그는 창문턱에서 자고 있는 고양이를 보고 있어요.

↻ 그는 보고 있어요 + 그 고양이를 (자고 있는 + 그 창문턱에서)

- on the windowsill

---

10 그는 인공지능의 영향을 논하는 책을 읽었어요.

↻ 그는 읽었어요 + 책 한 권을 (논하는 + 그 인공지능의 영향을)

- the implications of artificial intelligence

'(말이나 글로) 논하다'는 discuss

---

11 그녀는 거리에서 공연하는 댄서들에 감탄했어요.

↻ 그녀는 감탄했어요 + 그 댄서들에 (공연하는 + 그 거리에서)

- perform

'감탄하며 바라보다'는 admire로 전치사 없이 바로 대상어가 위치

---

12 우리는 그 도시의 유적지를 탐험하는 투어에 참가했어요.

↻ 우리는 참가했어요 + 한 투어에 (탐험하는 + 그 도시의 유적지를)

- the city's historic site

'투어에 참가하다'는 join a tour

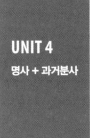

UNIT 4
명사 + 과거분사

우리 할머니가 구워 주신 케이크는 맛있어요.

영어 문장에서 명사를 꾸며 주는 긴 형용사구는 명사 뒤에 옵니다. 이때 수식해 주는 명사와의 관계를 수동과 완료의 의미로 보고 수식해 주는 표현이 과거분사(p.p.)로 시작하는 경우가 있습니다. 이렇게 과거분사를 쓸 때는 행위를 하는 당사자보다 행위를 당하는 대상을 강조하고 싶어서예요. 과거분사도 동사에서 온 단어라서 p.p. 뒤에 다른 수식어구가 따라올 수 있습니다. 과거분사 역시 현재분사처럼 형용사로 이해하면 쉽게 영작할 수 있어요.

> **그 케이크는 (구워진 + 나의 할머니에 의해)** + ~입니다 + 맛있는

STEP 1 전체 문장 완성하기

다음 문장을 힌트 단어를 보면서 완성해 보세요. **MP3 026**

---

1 그 케이크는 (구워진 + 나의 할머니에 의해)

• baked
케이크가 구워진 거라서
과거분사(p.p.) + by ~

---

2 그 케이크는 (구워진 + 나의 할머니에 의해) ~입니다

• be
주어가 3인칭 단수형

---

3 그 케이크는 (구워진 + 나의 할머니에 의해) ~입니다 / 맛있는

• delicious
delicious는 형용사라서
서술어로 쓸 때 be동사 필요

> **Ans.** The cake baked by my grandmother is delicious.

유제 1	제인이 쓴 편지가 어제 도착했어요.
	그 편지가 (쓰여진 + 제인에 의해) 도착했어요 + 어제

1 그 편지가 (쓰여진 + 제인에 의해)

- written by
- write – wrote – written
- 수동의 의미를 지닌 p.p.로 수식

2 그 편지가 (쓰여진 + 제인에 의해) 도착했어요

- arrive
  과거 시제로

3 그 편지가 (쓰여진 + 제인에 의해) 도착했어요 / 어제

- yesterday

유제 2	그 배우가 입은 정장은 디자이너 작품이었어요.
	그 정장은 (입힌 + 그 배우에 의해) + 이었어요 + 디자이너 작품

1. 그 정장은 (입힌 + 그 배우에 의해)

- actor
- wear - wore – worn
- 수동의 의미를 지닌 p.p.로 수식

2 그 정장은 (입힌 + 그 배우에 의해) ～이었어요

- be
  과거 시제로

3 그 정장은 (입힌 + 그 배우에 의해) ～이었어요 / 디자이너 작품

- a designer piece

유제 응용	작년에 출판된 책들이 훌륭한 리뷰를 받았어요.
	그 책들이 (출판된 + 작년에) 받았어요 + 훌륭한 리뷰들을

- excellent reviews
  publish – published – published

1 회의에서 논의된 아이디어들은 혁신적이었어요.

    ◑ 그 아이디어들은 (논의된 + 그 회의에서) ~이었어요 + 혁신적인

• innovative

discuss(논의하다)의 p.p.는 discussed(논의된)

---

2 그녀의 생일에 받은 목걸이는 눈부시게 빛났어요.

    ◑ 그 목걸이는 (주어진 + 그녀에게 + 그녀의 생일에) 빛났어요 + 눈부시게

• given to
• sparkle brilliantly

'그녀의 생일에'는
on her birthday
('특정한 날에'는 on ~)

---

3 교통 체증에 갇힌 통근자들은 아침 회의를 놓쳤어요.

    ◑ 그 통근자들은 (갇힌 + 교통 체증에) 놓쳤어요 + 그들의 아침 회의들을

• stuck in traffic

– '출퇴근자, 통근자'는
commuter
– stick–stuck–stuck의
3단 변화

---

4 반으로 잘린 그 서류는 이제 우리에게 쓸모가 없었어요.

    ◑ 그 서류는 (잘린 + 반으로) ~이었어요 + 쓸모없는 + 우리에게 + 이제

• cut in half
• useless

---

5 그녀는 공부방에 놓을 흰색으로 칠해진 빈티지 의자 하나를 샀어요.

    ◑ 그녀는 샀어요 + 빈티지 의자 하나를 (칠해진 + 흰색으로) + 그녀의 공부방을 위해

• painted in white

---

6 바텐더가 추천하는 음료를 드셔 봐야 해요.

    ◑ 당신은 드셔 봐야 해요 + 그 음료를 (추천되는 + 그 바텐더에 의해)

• should try

'누구에 의해 ~된'은
p.p. + by ~로 연결

---

7 나는 그 인디 아티스트가 작곡한 음악이 매우 좋았어요.

↻ 나는 매우 좋았어요 + 그 음악이 (작곡된 + 그 인디 아티스트에 의해)

- compose

'매우 좋아한다'고 강조할 때는 like 대신 love

---

8 우리는 18세기에 지어진 건물을 봤어요.

↻ 우리는 봤어요 + 그 건물을 (지어진 + 18세기에)

- construct

'00세기에'는 in the 서수 century

---

9 내 책상 위에 쏟아진 우유를 닦고 있어요.

↻ 나는 닦고 있어요 + 그 우유를 (쏟아진 + 내 책상 위에)

- clean
- spill

전체 시제는 현재진행으로

---

10 그 회사는 스타트업에서 개발한 소프트웨어를 설치했어요.

↻ 그 회사는 설치했어요 + 그 소프트웨어를 (개발된 + 그 스타트업에 의해)

- install
- develop

'누구에 의해 ~된'은 p.p. + by ~

---

11 그들은 현지 포도밭에서 생산된 와인을 맛보았어요.

↻ 그들은 맛보았어요 + 그 와인을 (생산된 + 그 현지 포도밭에서)

- taste
- in the local vineyard

---

12 그는 연구 중에 수집된 정보를 공유했어요.

↻ 그는 공유했어요 + 그 정보를 (수집된 + 그의 연구 중에)

- gather
- during his research

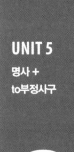

UNIT 5
명사 +
to부정사구

그는 파리에서 머물 곳을 찾고 있어요.

명사 뒤에 긴 수식어구를 붙여 더 디테일한 문장 만들기를 연습하고 있어요. 동사를 형용사로 바꾸어 쓰는 방법으로 현재분사, 과거분사 활용이 있고 여기에 하나 더! to부정사(to V)가 있습니다. 현재분사가 앞에 나오는 명사의 행동이나 상태를, 과거분사가 앞에 나온 명사의 수동이나 완료된 상태를 나타낸다면, 명사를 수식하는 to부정사는 미래지향적인 뉘앙스를 담당합니다. 파리에서 머물다 'stay in Paris'를 'to stay in Paris'로 만들어 명사 place 뒤에 붙이면 '파리에서 머물'이란 뜻의 수식어구가 되지요. 먼저 기본 골격을 잡고 수식어구를 붙이는 연습을 해 보세요.

그는 찾고 있어요	+ 한 장소를 (머물 + 파리에서)

STEP 1 전체 문장 완성하기

다음 문장을 힌트 단어를 보면서 완성해 보세요. **MP3 027**

1 그는 찾고 있어요

- **look for**
전체 시제는 현재진행으로

---

2 그는 찾고 있어요 + 한 장소를

- **a place**
확실하게 정해진 장소(the place)가 아닌, 많은 장소 중 한 군데이므로 a place

---

3 그는 찾고 있어요 + 한 장소를 (머물 + 파리에서)

- **to stay in Paris**
'~할 [명사]'라고 수식할 때 to + 동사원형인 to부정사 사용

Ans. He's looking for a place to stay in Paris.

그녀는 항상 쓸 주제를 찾아요.

그녀는 항상 찾아요 + 주제들을 + 쓸

1 그녀는 항상 찾아요

● always

always 위치는 be동사 뒤,
일반동사 앞

2 그녀는 항상 찾아요 / 주제들을

● topics

3 그녀는 항상 찾아요 / 주제들을 / 쓸

● write about

어떤 주제에 '대해서' 쓰는 것
이므로 write 뒤에 전치사
about까지 꼭 쓰기

나는 영화와 책에 대해 이야기할 친구가 필요해요.

나는 필요해요 + 친구 하나가 (이야기할 + 영화와 책에 대해)

1 나는 필요해요

● need

2 나는 필요해요 / 친구 하나가

● a friend

특정 친구로 정해진 상황이
아니므로 'a' friend

3 나는 필요해요 / 친구 하나가 (이야기할 + 영화와 책에 대해)

● talk to
● films and books

친구'에게' 이야기하는 것이
므로 talk to

그들은 결혼식에서 맞춰서 춤출 노래를 원했어요.

그들은 원했어요 + 노래 하나를 (맞춰서 춤출 + 그들의 결혼식에서)

● at their wedding

노래'에 맞춰' 춤추는 것이
므로 dance to

133

1 새 노트북 살 돈을 모으고 있어요.

> 나는 모으고 있어요 + 돈을 (살 + 새 노트북을)

- save
- laptop

어떤 돈인지 꾸며 줄 형용사 구는 'to + 동사원형'

---

2 이 근처에 먹을 만한 좋은 곳을 아세요?

> 당신은 아세요 + 좋은 곳 하나를 (먹을 만한) + 이 근처에

- around here

수식할 명사 뒤에 'to + 동사원형' 먼저, 장소 수식어는 맨 뒤로

---

3 이제 짐을 챙기고 떠날 시간입니다.

> 이제 ~입니다 + 시간 (챙길 + 우리의 가방들을 + 그리고 + 떠날)

- pack our bags and leave

'~할 시간이다'는 It is time to + 동사원형

---

4 (나는) 내일까지 완료해야 할 과제 목록이 있어요.

> 나는 가지고 있어요 + 과제 목록을 (완료해야 할 + 내일까지)

- a list of tasks
- complete

---

5 이 남은 음식들을 사용할 수 있는 레시피를 찾고 있어요.

> 나는 찾고 있어요 + 레시피 하나를 (사용할 + 이 남은 음식들을)

- search for
- these leftovers

---

6 그녀는 여행할 때 기억해야 할 몇 가지 팁을 우리에게 주었어요.

> 그녀는 주었어요 + 우리에게 + 몇 가지 팁들을 (기억해야 할 + 여행할 때)

- when traveling

전체 시제는 과거로

---

7 우리는 경기에서 이길 전략이 필요해요.

    ↻ 우리는 필요해요 + 전략 하나가 (이길 + 그 경기를)

• a strategy
• win the game

---

8 저녁에 입을 가벼운 재킷이 필요해요.

    ↻ 나는 필요해요 + 가벼운 재킷 하나가 (입을 + 저녁에)

• a light jacket

---

9 파티에 입을 드레스를 하나 찾고 있어요.

    ↻ 나는 찾고 있어요 + 드레스 하나를 (입을 + 그 파티에)

• look for
• to the party
전체 시제는 현재진행으로

---

10 그 이야기를 믿을 이유가 없어요.

    ↻ 없어요 + 이유가 (믿을 + 그 이야기를)

• There is no
'~이 없다'는
There is no ~

---

11 회의 끝나고서 당신과 논의할 게 있습니다.

    ↻ 나는 가지고 있습니다 + 어떤 것을 (논의할 + 당신과 + 그 회의 후에)

• discuss with you
'어떤 것(일)이 있다'는
have something

---

12 우리는 마감 전에 해야 할 일이 많아요.

    ↻ 우리는 가지고 있어요 + 많은 일을 (해야 할 + 그 마감 전에)

• a lot of work
• before the
  deadline

회의에 참석한 사람들은 모두 임원입니다.

영어에서 명사 자리를 길게 늘이는 방법이 여러 가지인데, '문장'이 명사를 꾸며 줄 수도 있습니다. 위의 문장에서 기본 골격인 '그 사람들은 ~이다'에서 the people을 수식하는 문장이 명사 바로 뒤에 따라오는 거죠. 이때 people을 꾸며 주는 문장은 who로 시작하면 됩니다. 그래서 who + 동사 + (대상어/보충어)의 구조가 되지요. 참고로, who 대신 that을 쓸 수도 있어요. 이게 바로 문법책에서 말하는 관계사절이에요. 여기서 who, that을 관계대명사라고 합니다. 앞에 나온 명사 people을 대신(대명사)하면서 뒤에 나오는 문장을 이끄는 접속사 역할(관계)을 하기 때문이에요. 관계대명사 who가 관계사절의 주어일 때는 who 뒤에 바로 동사가 나옵니다.

그 사람들은 | (참석했던 + 그 회의에) | ~입니다 | + 모두 임원들

STEP 1 전체 문장 완성하기

다음 문장을 힌트 단어를 보면서 완성해 보세요. **MP3 028**

1 그 사람들은 (참석했던 + 그 회의에)

- attend the meeting
  - 수식받는 명사가 사람이므로 관계대명사 who + V (V하는)
  - 이미 참석했으므로 시제는 과거형으로

2 그 사람들은 (참석했던 + 그 회의에) ~입니다

- be
  뼈대 문장의 주어
  'the people'에 일치하는
  be동사로

3 그 사람들은 (참석했던 + 그 회의에) ~입니다 / 모두 임원들

- executives

Ans. The people who attended the meeting are all executives.

Tips! 문장으로 명사를 수식하면 좋은 이유
1. 시제를 명확하게 나타낼 수 있어요.
2. 조동사를 써서 의미를 전달할 수 있어요.

우리에게 수학을 가르친 선생님은 매우 인내심이 많으셨어요.

그 선생님은 (가르쳤던 + 우리에게 + 수학을) ~이었어요 + 매우 인내심이 있는

1 그 선생님은 (가르쳤던 + 우리에게 + 수학을)

- teach

teach의 과거 시제는
taught

2 그 선생님은 (가르쳤던 + 우리에게 + 수학을) ~이었어요

- be

뼈대 문장의 주어 'the
teacher'에 일치하는
3인칭 단수 과거형으로

3 그 선생님은 (가르쳤던 + 우리에게 + 수학을) ~이었어요 / 매우 인내심이 있는

- very patient

이 작품을 그린 화가는 유럽에서 유명합니다

그 화가는 (그렸던 + 이 작품을) ~입니다 + 유명한 + 유럽에서

1 그 화가는 (그렸던 + 이 작품을)

- paint this piece

이미 끝난 일이므로 과거형
으로

2 그 화가는 (그렸던 + 이 작품을) ~입니다

- be

3 그 화가는 (그렸던 + 이 작품을) ~입니다 / 유명한 / 유럽에서

- famous

형용사를 서술어로 쓸 때 앞
에 be동사 필요

힘든 시기에 날 도와준 그 친구는 소중합니다.

그 친구는 (도와주었던 + 나를 + 힘든 시기에) ~입니다 + 소중한

- during tough
  times
- invaluable

1 사무실에서 내 옆자리에 앉는 그 남자는 정말 똑똑합니다.

    ↻ 그 남자는 (앉는 + 내 옆에 + 그 사무실에서) ~입니다 + 정말 똑똑한

• next to me

---

2 그 책을 나에게 추천해 준 사람이 당신이잖아요.

    ↻ 당신이 ~입니다 + 그 사람 (추천했던 + 그 책을 + 나에게)

• recommend

'~한 사람이 당신입니다'는
You are the one who + V

---

3 나에게 요가와 명상을 소개한 사람은 그녀입니다.

    ↻ 그녀가 ~입니다 + 그 사람 (소개했던 + 나를 + 요가와 명상에)

• introduce me

• meditation

'introduce + someone +
to something'은 '누구에게
~을 소개하다'

---

4 커피 원하는 사람 있나요?

    ↻ 있나요 + 누구 (원하는 + 약간의 커피를)

• Is there anyone ~?

anyone은 의문문, 부정문에
쓰이는 대명사로 '누구,
아무 사람'을 뜻함

---

5 주말에 저를 도와줄 수 있는 사람을 아세요?

    ↻ 당신은 아세요 + 어떤 사람을 (도와줄 수 있는 + 저를 + 주말에)

• Do you know

• someone

긍정의 대답을 기대하며 물
어볼 때는 의문문에서도
someone 사용 가능

---

6 이 지역에서 자라는 과일은 달콤합니다.

    ↻ 그 과일은 (자라는 + 이 지역에서) ~입니다 + 달콤한

• in this region

수식받는 명사가 사람이 아
닐 때는 관계대명사 which,
that으로 연결

---

7 지난달에 문을 연 그 식당은 음식이 정말 맛있어요.

↻ 그 식당은 (문을 연 + 지난달에) + 가지고 있어요 + 정말 맛있는 음식을

- amazing food

관계대명사절은 과거 시제로

---

8 (나는) 올해 오스카상을 받은 그 영화를 이미 봤어요.

↻ 나는 이미 봤어요 + 그 영화를 (받은 + 오스카 상을 + 올해)

- win the Oscar

과거의 어떤 시점에
그 영화를 봐서 지금은
이미 본 상태이므로,
I've already seen ∼

---

9 그는 천 페이지가 넘는 책을 다 끝냈어요.

↻ 그는 다 끝냈어요 + 그 책을 (가지고 있는 + 천 페이지 이상을)

- finish
- over a thousand pages

수식받는 명사가 사람이 아
닐 때는 관계대명사 which
나 that으로 연결

---

10 (나는) 초콜릿 칩이 들어 있는 아이스크림을 더 좋아해요.

↻ 나는 더 좋아해요 + 그 아이스크림을 (포함하고 있는 + 초콜릿 칩들을)

- prefer
- contain
– '명사 + which/that + V'
– 수식받는 명사에 일치하는
  동사 쓰기

---

11 그녀는 비용이 더 적게 드는 드레스를 구입하고 싶어 합니다.

↻ 그녀는 원합니다 + 구입하는 것을 + 드레스 한 벌을 (비용이 드는 + 더 적게)

- want to buy
- cost less

주어가 모두 3인칭 단수인 것
에 주의

---

12 초보 독자들에게 맞는 소설을 추천해 줄 수 있나요?

↻ 당신은 추천해 줄 수 있나요 + 소설 하나를 (맞는 + 초보 독자들에게)

- suit
- beginner readers

내가 가장 존경하는 사람은 우리 아버지입니다.

이 문장에서 핵심 단어인 명사 '사람'을 꾸며 주는 수식어구는 '내가 가장 존경하는'입니다. the one 뒤에 수식어구 'I respect the most'만 붙이면 '내가 가장 존경하는 사람'이 되지요. 명사를 꾸며 주는 관계사절의 구조가 'OO가 ~하는'일 때는 명사 뒤에 '관계대명사 whom/which/that + 주어 + 동사'를 연결합니다. 이때 관계대명사는 생략이 가능하고요, 구어체 영어에서는 whom을 who로 대체하거나 생략도 많이 합니다. 예의와 형식을 갖춰야 할 때나 글쓰기에서는 관계대명사 목적격 whom, which, that을 넣어 주세요. who나 which를 구분해서 쓰기 귀찮다면(?) that을 쓰면 됩니다.

| 그 사람은 | (내가 존경하는 + 가장) | ~입니다 | + 나의 아버지 |

STEP 1 전체 문장 완성하기

다음 문장을 힌트 단어를 보면서 완성해 보세요. **MP3 029**

1 그 사람은 (내가 존경하는 + 가장)

- the one
- respect the most

앞에 있는 명사를
꾸며 주는 문장의 어순이
S + V (OO가 ~하는)

2 그 사람은 (내가 존경하는 + 가장) ~입니다

- be

뼈대 문장의 주어 the one에
일치하는 be동사

3 그 사람은 (내가 존경하는 + 가장) ~입니다 / 나의 아버지

- my father

Ans. The one that I respect the most is my father.

관계대명사를 생략 가능한 이유는?

관계대명사 없이도 수식하는 명사 뒤에 바로 S(주어) + V(동사)의 문장이 연결되어 관계대명사절을 쉽게 인지할 수 있어서 의미 전달이 잘 되기 때문입니다. (하지만 who, which, that이 관계대명사절의 주어로 쓰일 때는 생략 불가)

<table>
<tr><td>유제
1</td><td>내가 온라인으로 주문한 그 신발이 너무 꽉 낍니다.
그 신발이 (내가 주문했던 + 온라인으로) ~입니다 + 너무 꽉 끼는</td></tr>
</table>

1 그 신발이 (내가 주문했던 + 온라인으로)

• online
주문한 일은 이미 지나간
과거이므로 과거형으로

---

2 그 신발이 (내가 주문했던 + 온라인으로) ~입니다

• be
뼈대 문장의 주어 The
shoes에 일치하는 be동사

---

3 그 신발이 (내가 주문했던 + 온라인으로) ~입니다 / 너무 꽉 끼는

• too tight

<table>
<tr><td>유제
2</td><td>내가 존경하는 아티스트가 다음 달에 워크숍을 개최할 것입니다.
그 아티스트는 (내가 존경하는) 개최할 것입니다 + 워크숍을 + 다음 달에</td></tr>
</table>

1 그 아티스트는 (내가 존경하는)

• admire
The artist를 수식할 때
who/whom/that S + V
모두 가능

---

2 그 아티스트는 (내가 존경하는) 개최할 것입니다

• hold
곧 일어날 일, 가까운 미래는
'현재진행'으로 표현 가능

---

3 그 아티스트는 (내가 존경하는) 개최할 것입니다 / 워크숍을 / 다음 달에

• a workshop

<table>
<tr><td>유제
응용</td><td>내가 가장 많이 배운 선생님이 올해 은퇴하십니다.
그 선생님이 (내가 배운 + 가장 많이) + 은퇴하십니다 + 올해</td><td>• retire
'내가 선생님으로부터 배웠다'이므로
I learned from the teacher →
The teacher that I learned from</td></tr>
</table>

1 내가 회의에서 만났던 남자가 나에게 통찰력 있는 조언을 해 줬어요.

↻ 그 남자가 (내가 만났던 + 그 회의에서) 주었어요 + 나에게 + 통찰력 있는 조언을

- at the conference
- insightful advice

'~에게 조언하다'는
give ~ advice

---

2 우리가 어제 인터뷰한 그 여자는 꽤 자격을 갖췄습니다.

↻ 그 여자는 (우리가 인터뷰했던 + 어제) ~입니다 + 꽤 자격을 갖춘

- highly qualified

관계대명사절의 시제는 과거

---

3 내가 가장 신뢰하는 친구는 외국에 삽니다.

↻ 그 친구는 (내가 신뢰하는 + 가장) 삽니다 + 외국에

- trust
- abroad

---

4 내가 고용한 정비사가 내 차를 빨리 고쳤어요.

↻ 그 정비사가 (내가 고용했던) 고쳤어요 + 내 차를 + 빨리

- The mechanic
- hire

---

5 이것이 내가 도서관에서 찾고 있었던 책입니다.

↻ 이것이 ~입니다 + 그 책 (내가 찾고 있었던 + 그 도서관에서)

- look for

'이것은 ~이다'는
This is ~

---

6 나는 지원했던 직장을 얻지 못했어요.

↻ 나는 얻지 못했어요 + 그 직장을 (내가 지원했던)

- apply for

'과거에 ~하지 못했다/안 했다'는 didn't + 동사원형

7 당신이 파티에서 틀어준 노래가 너무 좋았어요.

      ↻ 나는 너무 좋아했어요 + 그 노래를 (당신이 틀었던 + 그 파티에서)

• play

play a song은 '노래를 틀다'
의 의미

---

8 오늘 아침에 그녀가 만들어 준 커피를 마셨어요.

      ↻ 나는 마셨어요 + 그 커피를 (그녀가 만들었던) + 오늘 아침에

• this morning

drink의 과거형은 drank

---

9 저녁 식사 때 그가 나에게 했던 농담을 이해하지 못 했어요.

      ↻ 나는 이해하지 못했어요 + 그 농담을 (그가 말했던 + 나에게 + 저녁 식사 때)

• at dinner

'과거에 ~하지 못했다/안 했
다'는 didn't + 동사원형

---

10 내가 원했던 신발은 품절이었어요.

      ↻ 그 신발은 (내가 원했던) ~이었어요 + 품절인

• out of stock

뼈대 문장의 서술어를 완성
하기 위해 'be동사' 필요

---

11 당신이 추천한 영화는 환상적이었어요.

      ↻ 그 영화는 (당신이 추천했던) ~이었어요 + 환상적인

• fantastic

---

12 우리가 어젯밤에 간 식당은 믿기 힘들 정도로 맛있는 초밥이 있어요.

      ↻ 그 식당은 (우리가 갔던 + 어젯밤에) 가지고 있어요 +
        믿기 힘들 정도로 맛있는 초밥을

• incredible sushi

go to가 '~에 가다'이므로
관계대명사절에서도
to 챙기기

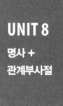

UNIT 8
명사 +
관계부사절

나는 우리가 공원에서 처음 만난 그날을 기억해요.

관계대명사절이 앞에 있는 명사를 꾸며 줄 때, 이 명사가 사람 또는 사물인지에 따라 관계대명사 who/whom, which 또는 that을 이용해 문장을 연결합니다. 관계부사는 관계대명사처럼 S + V를 이끌어 앞에 있는 명사를 수식하는 건 같아요. 다만 수식해 주는 명사가 '시간, 장소, 이유, 방법'을 나타내는 단어일 때는 의미에 맞는 관계부사 when, where, why, how를 쓴다는 것이 다를 뿐이에요. 참고로, 이런 관계부사 뒤에 오는 문장의 구조는 관계대명사와 달리 생략되거나 빠진 것 없이 완벽합니다.

| 나는 기억해요 | + 그날을 (우리가 처음 만났던 + 그 공원에서) |

STEP 1 전체 문장 완성하기

다음 문장을 힌트 단어를 보면서 완성해 보세요.   MP3 030

1 나는 기억해요

• remember

---

2 나는 기억해요 / 그날을

• the day
특정한 날에 대한 언급이므로 day 앞에 the 붙이기

---

3 나는 기억해요 / 그날을 (우리가 처음 만났던)

• we first met
the day는 시간 관련 단어이므로 관계부사 when으로 연결

---

4 나는 기억해요 / 그날을 (우리가 처음 만났던 + 그 공원에서)

• at the park

Ans. I remember the day when we first met at the park.

유제 1	오늘은 나의 가치를 증명해야 하는 날입니다. 오늘은 ~입니다 + 그날 (내가 증명해야 하는 + 나의 가치를)

1 오늘은 ~입니다

• Today

---

2 오늘은 ~ 입니다 / 그날

• the day

---

3 오늘은 ~ 입니다 / 그날 (내가 증명해야 하는 + 나의 가치를)

• prove my worth

the day는 시간 관련 단어이므로 관계부사 when + S + V로 연결

유제 2	자유롭게 전 세계를 여행하던 시절이 그리워요. 나는 그리워요 + 그 시절이 (내가 여행했던 + 자유롭게 + 전 세계를)

1 나는 그리워요

• miss

---

2 나는 그리워요 / 그 시절이

• the years

year에 -s가 붙어 복수형이 되면 '시절'의 의미를 지님

---

3 나는 그리워요 / 그 시절이 (내가 여행했던)

• travel

과거에 일어났던 일이므로 과거 시제로

---

4 나는 그리워요 / 그 시절이 (내가 여행했던 + 자유롭게 + 전 세계를)

• freely
• around the world

유제 응용	매일 아침 조깅하러 가던 때가 있었어요. 있었어요 + 때가 (내가 조깅하러 가곤 했던 + 매일 아침)	• There was a time • go jogging '(과거에) ~하곤 했다'는 used to + 동사원형

다음 우리말의 영어 구조를 보고 영어로 문장을 써 보세요. **MP3 030**

---

1 **이곳은 제가 태어나고 자란 도시입니다.**

⟳ 이곳은 ~입니다 + 그 도시 (제가 태어나고 자란)

- I was born and raised

the city(장소)를 꾸며 주는 문장은 관계부사 where로 연결

---

2 **그 회의가 열릴 방은 2층에 있습니다**

⟳ 그 방은 (그 회의가 열릴) 있습니다 + 2층에

- will be held
- the second floor

'몇 층에'는 전치사 on으로 표현

---

3 **여기가 당신이 주말마다 공부하는 도서관인가요?**

⟳ 여기가 ~인가요 + 그 도서관 (당신이 공부하는 + 주말마다)

- Is this
- every weekend

---

4 **그들이 처음 만났던 도시는 세월이 흐르면서 많이 변했어요.**

⟳ 그 도시는 (그들이 처음 만났던) + 변했어요 + 많이 + 세월이 흐르면서

- over the years

오랜 세월 동안 변한 것이므로 현재완료 시제로

---

5 **그가 이전 직장을 그만둔 이유가 항상 궁금했어요.**

⟳ 나는 항상 궁금했어요 + 그 이유가 (그가 그만두었던 + 그의 이전 직장을)

- wonder
- quit
- previous job
- 어떤 이유인지(reason)를 why S + V로 연결
- 과거부터 지금까지 궁금한 것이니 현재완료 시제로

---

6 **우리가 이 양식을 작성해야 하는 이유를 설명해 줄 수 있나요?**

⟳ 당신은 설명해 줄 수 있나요 + 그 이유를 (우리가 작성해야 하는 + 이 양식을)

- fill out this form

---

7 그 행사가 취소된 이유를 아세요?

    ↻ 당신은 아세요 + 그 이유를 (그 행사가 취소되었던)

• be canceled

취소된 건 과거이므로 과거
시제로

---

8 나는 그가 그런 식으로 행동한 이유를 이해할 수가 없어요.

    ↻ 나는 이해할 수가 없어요 + 그 이유를 (그가 행동했던 + 그런 식으로)

• understand
• act that way

---

9 당신이 생각하고 행동하는 방식이 마음에 들어요.

    ↻ 나는 마음에 들어요 + 그 방식이 (당신이 생각하고 행동하는)

• the way

the way(방법, 방식)와 관계
부사 how는 같이 쓰지 않으
므로 둘 중 하나는 반드시
생략

---

10 처음에 그를 어떻게 만났는지 말해 줄게요.

    ↻ 내가 말해 줄게요 + 당신에게 + 어떻게 내가 만났는지 + 그를 + 처음에

• I'll tell you

– 관계부사 how + S + V로
  연결
– the way와 같이 쓰지 않기

---

11 어떻게 소문이 났는지 이해가 안 됩니다.

    ↻ 나는 이해가 안 됩니다 + 어떻게 그 소문이 시작이 되었는지

• the rumor start

---

12 이 기계가 어떻게 작동하는지 설명해 줄 수 있나요?

    ↻ 당신은 설명해 줄 수 있나요 + 어떻게 이 기계가 작동하는지

• this machine

WRITING
TIPS

관계부사! 생략하기도 하고, 바꿔 쓰기도 합니다

관계부사의 3가지 특징

1. 관계부사는 앞에 있는 명사를 수식한다는 점에서 관계대명사와 기능이 동일합니다.

I remember	the day	**when**	we first met.	나는 우리가 처음 만난 그날을 기억해요.
	the place	**where**		나는 우리가 처음 만난 그곳을 기억해요.
	the reason	**why**		나는 우리가 처음 만난 그 이유를 기억해요.
	the way			나는 우리가 처음 만난 그 방식을 기억해요.
		how		나는 우리가 어떻게 처음 만났는지 기억해요.

* the way와 관계부사 how는 같이 쓰지 않으므로 둘 중 하나를 꼭 생략해야 합니다.

2. 관계부사 앞에 오는 명사(이걸 문법 용어로 선행사라고 해요)가 place, time, reason 등과 같은 일반적인 명사일 때는 관계부사가 생략 가능합니다.

I remember	**the day**	we first met.
	the place	
	the reason	
	the way	

3. 관계대명사 who, which를 that으로 바꿔 쓸 수 있고 생략도 할 수 있듯이, 관계부사 대신 that으로 바꿔 쓸 수 있고 생략도 가능합니다.

I remember	the day	**(that)**	we first met.
	the place	**(that)**	
	the reason	**(that)**	
	the way	**(that)**	

꾸미자, 명사!
결국 길어진 '명사'입니다

우리말은 수식어구가 아무리 길어도 앞에 붙고 수식을 받는 주체 또는 결론이 뒤에 나옵니다.

맨 위 선반에 있는 **책들**

책상 위에 놓인 **책들**

우리 교수님이 쓰신 **책들**

오늘 읽을 **책들**

나를 다른 세상으로 이끄는 **책들**

내가 가장 사랑하는 **책들**

결국 '~한 책들'로 길어진 명사일 뿐입니다. 하지만 우리말과 달리 영어 어순을 결정하는 하나의 원리는 수식어구가 길면 모두 뒤로 보낸다는 것입니다. 그래서 위의 어구들을 영어로 표현하려면 'the books'가 먼저 나오고 그 다음에 의미대로 착착 붙여 나가야 합니다.

the books **on the top shelf**

the books **lying on the desk**

the books **written by my professor**

the books **to read today**

the books **that lead me to another world**

the books **(that) I love most**

> ▶ 전치사구(on the top shelf), 현재분사구(lying on the desk),
> 과거분사구(written by my professor), to부정사구(to read today),
> 관계대명사가 이끄는 절(that lead me to another world, that I love most)
> 모두 긴 수식어로 앞에 있는 명사를 꾸며 줍니다.

이러한 영어의 어순을 이해하고 문장을 만들면 보다 쉽게 영작할 수 있어요. 그리고 영작을 통해 더 확실하게 영어 문장의 구조를 익힐 수 있답니다. 한 문장씩 완성하는 영작문을 통해 머릿속에만 있던 영어 지식이 활성화되니 끝까지 힘을 내서 이 여정을 꼭 완주하세요!

CHAPTER 2

동사, 형용사 수식하고 늘이기

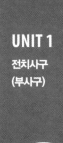
나는 아침에 체육관에서 운동해요.

영어의 기본 뼈대는 주어 + 서술어이므로 이 문장의 기본은 '나는 운동해요'입니다. 이 기본 문장이 문법적으로 틀리지는 않지만 이걸 들었을 때 우리의 반응은 뭔가 '완벽하지 않다'입니다. 그래서 더 분명하고 완전한 느낌을 주기 위해서 동사나 문장 전체를 수식해 주는 어구가 필요한데, 그 역할을 담당하는 것이 바로 전치사구(전치사 + 명사)인 것이지요. 위의 문장에서는 수식어구인 '체육관에서, 아침에'가 있어서 더 분명한 문장이 되었습니다. 이런 수식어구를 만들려면 해당 명사 앞에 전치사가 꼭 필요합니다. '전치사 + 명사'의 다양한 활용으로 더 자세하고 풍부한 문장을 만들어 보세요.

 나는 운동해요 + 체육관에서 + 아침에

STEP 1 전체 문장 완성하기

다음 문장을 힌트 단어를 보면서 완성해 보세요. **MP3 031**

1 나는 운동해요

• work out
평상시에 늘 하는 일은 '현재 시제'로 표현

---

2 나는 운동해요 / 체육관에서

• at the gym
'in the gym'도 가능하지만, 여러 장소 중 특정 장소를 콕 찍어 언급하는 의미로 at을 더 자주 사용

---

3 나는 운동해요 / 체육관에서 / 아침에

• in the morning

Ans. I work out at the gym in the morning.

우리는 한 시간 후에 휴가를 떠날 겁니다. (계획 없이 즉흥적으로 말하는 뉘앙스)

우리는 떠날 겁니다 + 우리의 휴가를 위해 + 한 시간 후에

1 우리는 떠날 겁니다

- leave

계획 없이 즉흥적으로 말하는 것이므로 will

2 우리는 떠날 겁니다 / 우리의 휴가를 위해

- for our vacation

3 **우리는 떠날 겁니다 / 우리의 휴가를 위해 /** 한 시간 후에

- in an hour

'말한 시점부터 1시간이 지난 때'를 뜻하므로 in an hour
*after an hour: 한 시간 이후에 (정확한 때를 모름)

그녀는 항상 저녁에 집에서 카모마일 차를 마십니다.

그녀는 항상 마십니다 + 카모마일 차를 + 집에서 + 저녁에

1 그녀는 항상 마십니다

- drink

주어가 3인칭 단수인 점에 주의

2 그녀는 항상 마십니다 / 카모마일 차를

- chamomile tea

3 **그녀는 항상 마십니다 / 카모마일 차를 /** 집에서 / 저녁에

- at home
- in the evening

오후 3시쯤 도심에 있는 분수대 옆에서 만납시다.

만납시다 + 그 분수대 옆에서 + 도심에 있는 + 오후 3시쯤에

- by the fountain
- around 3 p.m.

'도심에 있는' in the city center 는 앞에 있는 '분수대'를 수식

STEP 2 응용하여 쓰기

다음 우리말의 영어 구조를 보고 영어로 문장을 써 보세요. **MP3 031**

---

1 그는 며칠 동안 우리와 함께 머물 겁니다.(미리 계획된 뉘앙스)

   ↻ 그는 머물 겁니다 + 우리와 함께 + 며칠 동안

• for a few days

be going to로 미래 시제 표시

---

2 내 차는 건물 뒤에 주차되어 있어요.

   ↻ 내 차는 ~ 있어요 + 주차된 상태로 + 그 건물 뒤에

• parked
• behind

parked(주차된)는 서술어로 쓰려면 be동사가 필요

---

3 나는 퇴근 후 서점에서 우연히 그녀를 만났어요.

   ↻ 나는 만났어요 + 그녀를 + 우연히 + 그 서점에서 + 퇴근 후에

• by chance
• at the bookstore

---

4 그는 그 프로젝트를 예정보다 빨리 완료했어요.

   ↻ 그는 완료했어요 + 그 프로젝트를 + 예정보다 빨리

• complete
• ahead of time

---

5 그는 시험을 위해 몇 주 동안 집중적으로 공부했어요.

   ↻ 그는 공부했어요 + 집중적으로 + 몇 주 동안 + 그 시험을 위해

• intensively
• for weeks

---

6 나는 월요일 이후로 그녀를 못 봤어요.

   ↻ 나는 못 봤어요 + 그녀를 + 월요일 이후로

• since Monday

월요일 이후로 쭉 못 봤으므로 have p.p. 현재완료 시제로

---

7 그들은 하루를 에너지 있게 시작하려고 보통 아침에 운동합니다.

↻ 그들은 보통 운동합니다 + 아침에 + 그들의 하루를 시작하기 위해 + 에너지 있게

• with energy

usually(보통)처럼 빈도를 나타내는 부사는 대개 일반동사 앞에 위치

---

8 우리는 정오에 역에서 만날 겁니다.(미래의 일을 서술하는 뉘앙스)

↻ 우리는 만날 겁니다 + 그 역에서 + 정오에

• at the station
• at noon

미래의 일을 서술할 때는 조동사 will 사용

---

9 그들은 공통 관심사에 대해 몇 시간 동안 수다를 떨었어요.

↻ 그들은 수다를 떨었어요 + 몇 시간 동안 + 그들의 공통의 관심사들에 대해

• chat
• shared interests

---

10 다음 주에 시내에 새로 생긴 카페에서 커피 마시면서 이야기합시다.

↻ 이야기합시다 + 커피 마시면서 + 그 새로운 카페에서 + 시내에 + 다음 주에

• catch up
• at that new café
– catch up은 '밀린 이야기를 하다'의 의미
– '커피를 마시면서'는 while drinking coffee 혹은 over coffee로

---

11 그는 주말마다 추가 수입을 벌려고 동네 카페에서 일합니다.

↻ 그는 일합니다 + 동네 카페에서 + 주말마다 + 추가 수입을 좀 벌기 위해

• on weekends
• earn some extra money

---

12 주말에 가족들과 귀중한 시간을 보내고 싶습니다.

↻ 나는 보내고 싶습니다 + 귀중한 시간을 + 나의 가족들과 + 주말에

• quality time

'나는 ～하고 싶습니다'라고 공손하게 표현할 때는 I'd like to + V

UNIT 2
to부정사구 1

그녀는 새 노트북을 사려고 열심히 돈을 저축하고 있어요.

문장에서 더 정확한 의미를 전달하기 위해서는 뼈대 문장에 수식어구가 필요합니다. 동사, 형용사 또는 문장 전체를 수식할 수 있는 것이 부사인데, 부사 한 단어만으로는 충분하지 않은 경우가 많아요. 이때 좀 더 긴 수식어구, 즉 부사구가 와야 하는데 'to + 동사원형'인 to부정사구가 부사구 역할을 할 수 있습니다. 뼈대 문장 뒤에 to부정사구를 붙이면 거의 대부분 '~하기 위해서, ~하려고'의 부사적 의미를 더해 더 자세하고 확장된 문장을 만들 수 있습니다.

 그녀는 열심히 저축하고 있어요 + 돈을 + 사기 위해 + 새 노트북을

STEP 1 전체 문장 완성하기

다음 문장을 힌트 단어를 보면서 완성해 보세요. **MP3 032**

1 그녀는 열심히 저축하고 있어요

• **diligently save**
주어가 3인칭 단수로
현재진행 시제

---

2 그녀는 열심히 저축하고 있어요 / 돈을

• **money**

---

3 그녀는 열심히 저축하고 있어요 / 돈을 / 사기 위해 + 새 노트북을

• **a new laptop**
'~하기 위해서'는
to + 동사원형

> **Ans.** She's diligently saving money to buy a new laptop.

| 유제 1 | 우리는 건강을 유지하려고 매일 운동해요. |

우리는 운동해요 + 매일 + 있기 위해 + 건강한 상태로

1 우리는 운동해요(건강을 위한 전반적인 신체 활동의 뉘앙스)

- exercise

웨이트, 에어로빅 등 특정 근육 강화를 목표로 하는 운동은 work out

2 우리는 운동해요 / 매일

- every day

3 우리는 운동해요 / 매일 / 있기 위해 + 건강한 상태로

- stay healthy

'~하기 위해서'는 to + 동사원형

| 유제 2 | 그는 아침의 혼잡한 교통 체증을 피하려고 일찍 떠났어요. |

그는 떠났어요 + 일찍 + 피하려고 + 아침의 그 혼잡한 교통 체증을

1 그는 떠났어요

- leave

leave의 과거형은 left

2 그는 떠났어요 / 일찍

- early

3 그는 떠났어요 / 일찍 / 피하기 위해 + 아침의 그 혼잡한 교통 체증을

- avoid
- the morning rush-hour traffic

'~하기 위해서'는 to + 동사원형

| 유제 응용 | 그는 대학 입학 시험에 합격하려고 매일 밤 열심히 공부하고 있어요. |

- pass the college entrance exam

그는 공부하고 있어요 + 열심히 + 매일 밤 + 합격하려고 + 그 대학 입학 시험에

1 그녀는 어려운 시기에 가족을 부양하려고 부업을 했어요.

↻ 그녀는 취했어요 + 두 번째 일을 + 부양하기 위해 + 그녀의 가족을 + 어려운 시기에

- take a second job
- during difficult times

'가족을 부양하다'는 support one's family

---

2 매년 여름, 그는 프랑스어를 배우러 파리에 갔어요.

↻ 매년 여름, + 그는 갔어요 + 파리에 + 배우려고 + 프랑스어를

- learn French

Every summer - 강조하기 위해 장소 부사구가 문장 맨 앞으로 나올 수 있음

---

3 그녀는 오해에 대해 사과하려고 저녁 늦게 그에게 전화했어요.

↻ 그녀는 전화했어요 + 그에게 + 저녁 늦게 + 사과하려고 + 그 오해에 대해

- apologize for the misunderstanding

apologize for는 '~에 (대해) 사과하다'

---

4 우리는 주말에 먹을 식료품을 사러 근처 가게에 갔어요.

↻ 우리는 갔어요 + 그 근처 가게에 + 사러 + 식료품을 좀 + 그 주말을 위한

- the nearby store
- pick up some groceries

---

5 그들은 휴식을 취하고 활력을 되찾기 위해 휴가를 떠날 거예요.

↻ 그들은 휴가를 떠날 겁니다 + 휴식을 취하고 활력을 되찾기 위해

- go on a vacation
- relax and rejuvenate

곧 일어날 가까운 미래는 현재진행 시제로

---

6 그녀는 월별 지출과 저축을 추적하기 위해 이 스마트폰 앱을 사용합니다.

↻ 그녀는 사용합니다 + 이 스마트폰 앱을 + 추적하기 위해 + 그녀의 월별 지출과 저축을

- track
- monthly expenses and savings

---

7 해변 여행 동안, 우리는 혹독한 태양으로부터 보호하기 위해 모자를 썼어요.

⟳ 우리의 해변 여행 동안, + 우리는 썼어요 + 모자들을 + 보호하기 위해 +
우리 자신을 + 혹독한 태양으로부터

- protect ourselves
- from the harsh sun

during our beach trip −
시간 부사구가 문장 맨 앞에
올 수 있음

---

8 미팅 시간과 장소를 확인하게 내일까지 세부 정보를 보내드릴게요.

⟳ 제가 보내드릴게요 + 당신에게 + 그 세부 정보를 + 내일까지
+ 확인하도록 + 우리의 미팅 시간과 장소를

- confirm our meeting time and venue

'당신에게 ~을 보내드릴게
요'는 I'll send you ~

---

9 밖의 시끄러운 공사 소리를 차단하려고 모든 창문을 닫았어요.

⟳ 나는 닫았어요 + 그 모든 창문들을 + 차단하기 위해 +
그 시끄러운 공사 소리들을 + 밖에서

- block out the noisy construction sounds

---

10 몇 시간 독서 후, 나는 피곤한 눈을 쉬려고 잠깐 쉬었어요.

⟳ 몇 시간 동안 읽은 후, + 나는 잠시 쉬었어요 + 쉬려고 + 내 피곤한 눈들을

- After reading
- rest my tired eyes

'잠깐 쉬다'는 take a break

---

11 그녀는 피부 광채를 유지하려고 매일 밤 녹차를 마셔요.

⟳ 그녀는 마셔요 + 녹차를 + 매일 밤에 + 유지하려고 + 그녀의 피부의 광채를

- maintain her skin's glow

---

12 우리는 가장 좋은 좌석을 구하려고 콘서트 티켓을 예약했어요.

⟳ 우리는 예약했어요 + 우리의 콘서트 티켓들을 + 얻으려고 + 가장 좋은 좌석들을

- book

과거 시제로

나는 이렇게 힘이 되는 친구들이 있어서 감사해요.

여기서 뼈대 문장은 '나는 감사해요(감사히 여겨요)'입니다. I am grateful(나는 감사해요)이 문법적으로는 틀리지 않지만, 이렇게만 있으면 의미적으로 완성된 느낌이 들지 않습니다. 이때 뒤에 '이렇게 힘이 되는 친구들이 있어서'에 해당하는 to부정사구가 오면 grateful(고마워하는, 감사하는)을 수식하면서 의미적으로 더 완전한 문장이 되지요. 이때 to부정사구가 앞에 오는 형용사를 수식해서 문장이 확장되므로 to + 동사원형은 부사 같은 역할을 합니다.

| 나는 ~예요 + 감사하는 | + 가지고 있어서 + 이렇게 지지해 주는 친구들을 |

STEP 1 전체 문장 완성하기

다음 문장을 힌트 단어를 보면서 완성해 보세요. **MP3 033**

1   나는 ~예요

• be
주어인 I에 맞게 be동사 변형

---

2   나는 ~예요 / 감사하는

• grateful
형용사를 서술어로 쓰려면
be동사와 함께

---

3   나는 ~예요 / 감사하는 / 가지고 있어서 + 이렇게 지지해 주는 친구들을

• such supportive friends
'~해서'라고 원인, 이유를 나타내는 to + 동사원형

Ans. I am grateful to have such supportive friends.

당신의 도전적인 프로젝트를 도와드리게 되어 기쁩니다.

저는 ~입니다 / 기쁜 + 도와드리게 되어 + 당신을 + 당신의 도전적인 프로젝트에

1   저는 ~입니다 / 기쁜

• happy

---

2   **저는 기쁩니다** / 도와드리게 되어 + 당신을

• help you

happy한 이유는
to + 동사원형(~해서)

---

3   **저는 기쁩니다** / **도와드리게 되어 + 당신을** + 당신의 도전적인 프로젝트에

• challenging

help A with B
'A가 B하는 걸 돕다'

당신을 여기서 보게 되어 놀랐어요.

나는 ~입니다 / 놀란 + 보게 되어 + 당신을 + 여기서

1   나는 ~입니다 / 놀란

• surprised

형용사를 서술어로 쓰려면
be동사와 함께

---

2   **나는 놀랐어요** / 보게 되어 + 당신을

• see you

surprised한 이유는
to + 동사원형(~해서)

---

3   **나는 놀랐어요** / **보게 되어 + 당신을** + 여기서

• here

아주 오랜만에 당신을 보게 돼서 정말 기쁩니다.

저는 ~입니다 / 너무 기쁜 + 보게 되어 + 당신을 + 그렇게 오랜 시간 후에

• thrilled
• after such a long time

---

1 실망시켜서 미안해요.

• let you down

🔁 저는 ~예요 + 미안한 + 실망시켜서 + 당신을

---

2 원격으로 일하면서 세계를 여행할 수 있으니 그들은 운이 좋아요.

• while working remotely

🔁 그들은 ~예요 + 운이 좋은 + 여행할 수 있어서 + 세계를 + 원격으로 일하면서

---

3 그는 오랜 망설임 끝에 새 일을 시작할 준비가 되었어요.

• after a long hesitation

형용사 뒤에 오는 to부정사는 '~하기에'의 의미로 형용사의 의미를 수식하기도 함

🔁 그는 ~예요 + 준비가 된 + 시작할 + 그의 새 일을 + 오랜 망설임 끝에

---

4 그 새로운 제안은 고려해 볼 만큼 솔깃합니다.

• tempting
• consider

🔁 그 새로운 제안은 ~입니다 + 솔깃한 + 고려해 볼 만큼

---

5 당신 글씨는 읽기가 조금 어렵습니다.

• handwriting
• a bit difficult

🔁 당신의 글씨는 ~입니다 + 조금 어려운 + 읽기에

---

6 그 새로운 소프트웨어는 초보자들한테도 사용하기 쉬워요.

• even for beginners

🔁 그 새로운 소프트웨어는 ~입니다 + 쉬운 + 사용하기 + 초보자들에게도

---

7 그 영화는 다시 보기에는 너무 우울했어요.

↻ 그 영화는 ~이었어요 + 너무 우울한 + 보기에 + 다시

- too depressing

'too + 형용사 + to + V'
V하기에 너무 ~한 (그래서
~할 수 없는)

---

8 이 케이크는 지금 당장 먹기에는 너무 뜨거워요.

↻ 이 케이크는 ~예요 + 너무 뜨거운 + 먹기에 + 지금 당장

- too hot
- right now

---

9 그 상자는 나 혼자 들기에는 너무 무겁습니다.

↻ 그 상자는 ~입니다 + 너무 무거운 + 들기에 + 나 혼자

- lift
- by myself

---

10 재킷 없이 외출하기에는 너무 쌀쌀합니다.

↻ (날씨가) ~입니다 + 너무 쌀쌀한 + 외출하기에 + 재킷 없이

- too chilly
- without a jacket

날씨를 나타내는 문장의
주어는 it

---

11 이 방은 모든 손님들을 수용하기에는 너무 작습니다.

↻ 이 방은 ~입니다 + 너무 작은 + 수용하기에 + 그 모든 손님들을

- accommodate all the guests

---

12 이 차는 꿀을 넣지 않고 마시기에는 너무 씁니다.

↻ 이 차는 ~입니다 + 너무 쓴 + 마시기에 + 꿀을 넣지 않고

- bitter
- without adding some honey

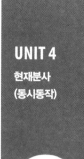

UNIT 4
현재분사
(동시동작)

그녀는 차를 홀짝홀짝 마시면서 책을 읽었어요.

'차를 마시면서' 책을 읽다, '콧노래를 부르면서' 길을 걷다 등 이렇게 주어가 두 가지 동작을 동시에 할 때가 있습니다. 여기서 주된 동작이 있고 동시에 '하고 있는 것'을 말하고 싶을 때 현재분사(Ving)를 써서 동시동작을 표현할 수 있어요. 이때 Ving는 '~하면서'의 뜻으로 문장의 주된 동작을 꾸며 주는 수식어구가 됩니다.

| 그녀는 읽었어요 | + 그 책을, + 홀짝홀짝 마시면서 + 그녀의 차를 |

STEP 1 전체 문장 완성하기

다음 문장을 힌트 단어를 보면서 완성해 보세요. **MP3 034**

1 그녀는 읽었어요

• read
과거 시제로

---

2 그녀는 읽었어요 / 그 책을

• the book

---

3 그녀는 읽었어요 / 그 책을, / 홀짝홀짝 마시면서 + 그녀의 차를

• sipping her tea
'~하면서' 동시동작은
현재분사(Ving)

Ans. She read the book, sipping her tea.

1 그는 걸어갔어요   • walk down

---

2 그는 걸어갔어요 / 그 길을   • the street

---

3 그는 걸어갔어요 / 그 길을, / 콧노래를 부르면서   • humming a tune
'~하면서' 동시동작은
현재분사(Ving)

유제 2	그 학생들은 강사의 말을 주의 깊게 들으면서 메모를 했어요. 그 학생들은 메모를 했어요, + 들으면서 주의 깊게 + 그 강사의 말을

1 그 학생들은 메모를 했어요   • take notes

---

2 그 학생들은 메모를 했어요, / 들으면서 + 주의 깊게   • listen carefully
'~하면서' 동시동작은
현재분사(Ving)

---

3 그 학생들은 메모를 했어요, / 들으면서 + 주의 깊게 + 그 강사의 말을   • to the lecturer
'~을 듣다, ~에 귀 기울이
다'는 listen to ~

유제 응용	그녀는 선물을 찾으면서 가게를 둘러보았어요. 그녀는 둘러보았어요 + 그 가게를, + 찾으면서 + 선물을

• browse the store
• look for

---

1 나는 내용을 다시 확인하면서 이메일을 입력했어요.

↻ 나는 입력했어요 + 그 이메일을, + 다시 확인하면서 + 그 내용을

- type
- double-check the content

'~하면서' 동시동작은 현재분사(Ving)

---

2 그녀는 좋아하는 노래를 부르면서 방에서 춤을 췄어요.

↻ 그녀는 춤을 췄어요 + 그 방에서, + 부르면서 + 그녀가 좋아하는 노래를

- dance around the room
- favorite

---

3 그 셰프는 가끔씩 소스를 맛보며 요리했어요.

↻ 그 셰프는 요리했어요, + 맛보면서 + 그 소스를 + 가끔씩

- taste
- occasionally

---

4 그는 그날 일들에 대해 생각하면서 집으로 차를 몰고 갔어요.

↻ 그는 차를 몰았어요 + 집으로, + 생각하면서 + 그날의 일들에 대해

- drive home
- the day's events

주동작은 과거 시제

---

5 그녀는 전화기를 충전하면서 노트북으로 일했어요.

↻ 그녀는 일했어요 + 그녀의 노트북으로, + 충전하면서 + 그녀의 휴대전화를

- on her laptop
- charge

---

6 그는 손을 흔들면서 들어왔어요.

↻ 그는 들어왔어요, + 흔들면서 + 그의 손을

- come in
- wave

---

7 창밖을 바라보면서 당신을 기다렸어요.

⟳ 나는 기다렸어요 + 당신을, + 바라보면서 + 그 창밖을

- look out the window

---

8 아이들이 크게 웃으면서 밖에서 놀았어요.

⟳ 그 아이들이 놀았어요 + 밖에서, + 웃으면서 + 크게

- loudly

---

9 그녀는 친구와 수다를 떨면서 화장을 했어요.

⟳ 그녀는 화장을 했어요, + 수다를 떨면서 + 그녀의 친구와

- apply makeup
- chat

---

10 그는 박자에 맞춰 발을 두드리며 기타 연습을 했어요.

⟳ 그는 연습했어요 + 그 기타를, + 두드리면서 + 그의 발을 + 그 박자에 맞춰

- tap
- to the beat

tap의 현재분사형은 tapping

---

11 그녀는 자기가 가장 좋아하는 TV쇼를 보면서 빨래를 갰어요.

⟳ 그녀는 접었어요 + 그 빨래를, + 보면서 + 그녀의 가장 좋아하는 TV쇼를

- fold the laundry

우리는 빨래를 개지만, 영어에서는 접어요(fold).

---

12 그들은 주변의 멋진 경치에 감탄하며 등산로를 올랐어요.

⟳ 그들은 올랐어요 + 그 등산로를, + 감탄하면서 + 그들 주변의 멋진 경치들에

- hike the trail
- admire the stunning views

CHAPTER 3

긴 명사 써서 늘이기

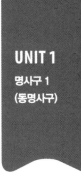

UNIT 1
명사구 1
(동명사구)

외국어를 배우는 건 도전적이고 재미있습니다.

영어 문장의 기본 뼈대는 주어 + 서술어! 그런데 주어 자리에 올 수 있는 말은 명사 또는 명사 형태뿐입니다. 여기서 중요한 건 명사 형태예요. 사람이나 사물의 이름을 나타내는 것만이 명사가 아닙니다. 동명사(Ving) 또는 to부정사(to + V)를 이용해 긴 명사, 즉 명사구를 만들 수 있습니다. 이번 유닛에서는 동명사로 조금 길어진 명사구를 문장의 주어, 목적어, 보어 자리에 넣어 영작해 봅시다.

배우는 것은 + 외국어를 ~입니다	/ 도전적이고 재미있는

STEP 1 전체 문장 완성하기

다음 문장을 힌트 단어를 보면서 완성해 보세요. **MP3 035**

1   배우는 것은 + 외국어를

> ● **learn a foreign language**
>
> 동명사(Ving)를 이용하면 '외국어를 배우다 → 외국어를 배우는 것'으로 전환 가능

---

2   배우는 것은 + 외국어를 ~입니다

> ● **be**
>
> 주어 '외국어를 배우는 것'을 셀 수 없는 명사의 개념으로 보고 단수 동사 쓰기

---

3   배우는 것은 + 외국어를 ~입니다 / 도전적이고 재미있는

> ● **challenging and fun**

> **Ans.**   Learning a foreign language is challenging and fun.

Tips!   **Ving 구분 방법**

1. 현재분사일 때: 능동과 진행의 뉘앙스를 담당하므로 '~하고 있는, ~하는 중인'의 의미로, 문장에서 형용사와 부사로 쓰임. 따라서 명사를 수식하거나 동시동작(~하면서)에 사용.
2. 동명사일 때: 일반적, 보편적인 사실을 나타낼 때 사용하며, '~하는 것, ~하기'의 의미로 문장에서 명사로 쓰임. 따라서 문장의 주어, 목적어, 보어 자리에 올 수 있음.

우리 할머니 이야기를 듣는 것은 흥미롭습니다.

듣는 것은 + 나의 할머니의 이야기들을 ~입니다 / 흥미로운

1   듣는 것은 + 나의 할머니의 이야기들을

• listen to
우리말은 '우리 할머니'지만
영어식으로는 '나의 할머니'

2   듣는 것은 + 나의 할머니의 이야기들을 ~입니다

• be
명사구 주어는 단수 취급

3   듣는 것은 + 나의 할머니의 이야기들을 ~입니다 / 흥미로운

• interesting

책을 읽으며 차를 마시는 것은 마음이 편안합니다.

마시는 것은 + 차를 + 책을 읽으면서 ~입니다 / 마음이 편안한

1   마시는 것은 + 차를

• drink tea
동명사 (Ving) 이용
마시다 → 마시는 것

2   마시는 것은 + 차를 + 책을 읽으면서 ~입니다

• while reading

3   마시는 것은 + 차를 + 책을 읽으면서 ~입니다 / 마음이 편안한

• calming

자전거를 타고 도시를 돌아다니는 것이 내가 가장 좋아하는 일입니다.

자전거를 타는 것은 + 도시를 돌며 ~입니다 + 내가 가장 좋아하는 일

• cycle around
the city

1 **퇴근 후 반려동물들과 노는 것이 나를 행복하게 합니다.**

• play with my pets

↻ 노는 것이 + 내 반려동물들과 + 퇴근 후 + 만듭니다 + 나를 + 행복한 상태로

---

2 **일하면서 클래식 음악을 듣는 것이 집중력을 높여 줍니다.**

• enhance concentration

명사구 주어는 3인칭 단수로 취급

↻ 듣는 것이 + 클래식 음악을 + 일하면서 + 강화시킵니다 + 집중력을

---

3 **제 취미는 퇴근 후에 재즈 음악을 듣는 것입니다.**

• listen to jazz music

동명사구가 보충어 자리에 위치

↻ 제 취미는 ～입니다 + 듣는 것 + 재즈 음악을 + 퇴근 후에

---

4 **그의 성공의 숨은 비결은 일찍 일어나서 하루를 계획하는 것입니다.**

• the secret behind his success

보충어로 쓰인 두 동명사구가 and로 연결

↻ 그의 성공 뒤의 비결은 ～입니다 + 일어나는 것 + 일찍
그리고 + 계획하는 것 + 그의 하루를

---

5 **그들의 가장 좋은 특징은 서로를 이해하고 존중하는 것입니다.**

• their best trait

• respect

보충어로 쓰인 두 동명사구가 and로 연결

↻ 그들의 가장 좋은 특징은 ～입니다 + 이해하고 존중하는 것 + 서로를

---

6 **내가 가장 좋아하는 주말 활동은 베란다에서 책을 읽는 것입니다.**

• on my porch

↻ 내가 가장 좋아하는 주말 활동은 ～입니다 + 읽는 것 + 책들을 + 나의 베란다에서

---

7 그들의 건강 비결은 유기농 음식을 먹고 매일 운동하는 것입니다.

↻ 그들의 건강 비결은 ~입니다 + 먹는 것 + 유기농 음식을 + 그리고 + 운동하는 것 + 매일

- the secret to their health
- organic food
- exercise

---

8 나는 밤 늦게 미스터리 소설 읽는 것을 즐깁니다.

↻ 나는 즐깁니다 + 읽는 것을 + 미스터리 소설들을 + 밤 늦게

- mystery novels
- late at night

동명사가 동사(enjoy)의 대상어로 쓰임

---

9 그들은 시골로 이사 가는 것을 고려해 왔어요.

↻ 그들은 고려해 왔어요 + 이사 가는 것을 + 시골로

- consider
- to the countryside
- 현재완료 시제로
- consider는 동명사를 목적어로 취할 수 있는 동사

---

10 그는 아이들과 더 많은 시간을 보내지 못한 것을 후회합니다.

↻ 그는 후회합니다 + 보내지 못한 것을 + 더 많은 시간을 + 그의 아이들과

- not spending
- regret + 동명사: ~을 후회하다
- 동명사 앞에 not을 쓰면 부정의 의미 표현 가능

---

11 그녀는 기타 배우는 것을 거의 포기했어요.

↻ 그녀는 거의 포기했어요 + 배우는 것을 + 그 기타를

- nearly give up

give up + 동명사: ~을 포기하다

---

12 그들은 몇 번의 좌절에도 불구하고 그 영화 촬영을 끝냈어요.

↻ 그들은 끝냈어요 + 촬영하는 것을 + 그 영화를 + 몇 번의 좌절에도 불구하고

- film the movie
- despite several setbacks

finish + 동명사: ~하는 것을 끝내다

나는 내년 여름에 유럽 여행을 가고 싶어요.

영어 문장을 다양하게 만들기 위해서는 동명사(Ving)나 to부정사(to + V)를 이용해 명사구를 만들 수 있어야 해요. 기본적으로 to부정사는 미래 지향적이라서 함께 쓰는 동사들도 want(하고 싶다, 원하다), hope(희망하다), plan(계획하다), expect(기대하다), promise(약속하다)처럼 미래적 느낌이 있습니다. (물론 다 그런 건 아니에요.) 이런 동사들 뒤에 to부정사구가 목적어로 와서 '~하기, ~하는 것'의 의미가 되므로 이때 to부정사구는 명사처럼 쓰입니다.

| 나는 ~하고 싶어요 | + 여행 가는 것을 + 유럽으로 + 내년 여름에 |

STEP 1 전체 문장 완성하기

다음 문장을 힌트 단어를 보면서 완성해 보세요. MP3 036

1 나는 ~하고 싶어요
• want

---

2 나는 ~하고 싶어요 / 여행 가는 것을 + 유럽으로
• travel to Europe
'무엇을' 하고 싶어 하는지 want의 목적어는 'to + 동사원형'

---

3 나는 ~하고 싶어요 / 여행 가는 것을 + 유럽으로 / 내년 여름에
• next summer

Ans. I want to travel to Europe next summer.

유제 1	나는 더 어렸을 때는 예술가가 되고 싶었어요. **나는 원했어요 + 되는 것을 + 예술가가 + 내가 더 어렸을 때**

1 나는 원했어요

• want
과거 시제로

---

2 나는 원했어요 / 되는 것을 + 예술가가

• be an artist
'~가 되고 싶었다'는
wanted to be ~

---

3 나는 원했어요 / 되는 것을 + 예술가가 / 내가 더 어렸을 때

• when I was
  younger

유제 2	나는 매일 아침 조깅을 시작하기로 했어요. **나는 결심했어요 + 시작하는 것을 + 조깅을 + 매일 아침에**

1 나는 결심했어요

• decide
과거의 어떤 순간에 결정해
서 지금까지 그 상태라는 의
미로 보고 '현재완료 시제'로

---

2 나는 결심했어요 / 시작하는 것을 + 조깅을

• start jogging
'~하는 것, ~하기'는
to + 동사원형

---

3 나는 결심했어요 / 시작하는 것을 + 조깅을 / 매일 아침에

• every morning

유제 응용	일을 잠시 쉬고 유럽 여행을 가기로 했어요. • take a break from work **나는 결심했어요 + 잠시 쉬는 것을 + 일로부터 + 그리고 + 여행 가는 것을 + 유럽으로**

---

1 내년 여름에 스페인어를 배우려고 계획하고 있어요.

    ↻ 나는 계획하고 있어요 + 배우는 것을 + 스페인어를 + 내년 여름에

- learn Spanish

앞으로의 일을 계획하므로
plan to + V

---

2 건강에 더 좋은 음식과 채소를 많이 먹으려고 하고 있어요.

    ↻ 나는 노력하고 있어요 + 먹는 것을 + 건강에 더 좋은 음식들과 더 많은 채소들을

- eat healthier foods

현재진행 시제로

---

3 그 새 영화를 빨리 보고 싶어요.

    ↻ 나는 기다릴 수가 없어요 + 보는 것을 + 그 새로운 영화를

- can't wait

can't wait to + V는 '빨리 하고 싶다'

---

4 그들은 도착하자마자 우리에게 전화하기로 약속했어요.

    ↻ 그들은 약속했어요 + 전화하는 것을 + 우리에게 + 그들이 도착하자마자

- promise
- as soon as

'~할 것을 약속하다'는
promise to + V

---

5 그녀는 다양한 종류의 빵을 굽는 것을 배우고 있어요.

    ↻ 그녀는 배우고 있어요 + 굽는 것을 + 다양한 종류의 빵을

- different types of bread

'~하는 것을 배우다'는
learn to + V

---

6 그는 결혼식 전에 살을 좀 빼려고 하고 있어요.

    ↻ 그는 노력하고 있어요 + 빼는 것을 + 체중을 조금 + 그 결혼식 전에

- lose some weight

'~하려고 노력하다'는
try to + V

7 당신 기분을 상하게 할 의도는 없었어요.

    🔄 나는 의도하지 않았어요 + 상하게 하는 것을 + 당신의 기분을

- didn't mean
- hurt your feelings

'～할 것을 의도하다'는
mean to + V

---

8 러시아워 교통 체증에도 불구하고 나는 가까스로 제시간에 그곳에 도착했어요.

    🔄 나는 가까스로 해냈어요 + 도착하는 것을 + 그곳에 + 제시간에 +
        그 러시아워 교통 체증에도 불구하고

- get there on time
- despite the rush-hour traffic

'간신히 ～ 해내다'는
manage to + V

---

9 그녀는 세일 기간 중에 새 노트북 구매를 희망하고 있어요.

    🔄 그녀는 희망하고 있어요 + 사는 것을 + 새 노트북을 + 그 세일 기간 동안

- hope
- during the sale

현재진행 시제로

---

10 매년 새로운 언어를 배우고 지평을 넓힐 생각입니다.

    🔄 나는 ～할 작정입니다 + 배우는 것을 + 새로운 언어를 + 매년 + 그리고 +
        넓히는 것을 + 나의 지평을

- broaden my horizons

'～하려고 작정하다, 생각하다'는 intend to + V

---

11 그녀는 아침에 비타민 먹는 것을 항상 잊어버립니다

    🔄 그녀는 항상 잊어버립니다 + 복용하는 것을 + 그녀의 비타민을 + 아침에

- take vitamins

'해야 ～할 것을 잊다'는
forget to + V

---

12 그는 시골로 이주해서 평온한 삶을 살기를 바랍니다.

    🔄 그는 바랍니다 + 이주하는 것을 + 시골로 + 그리고 + 사는 것을 + 평온한 삶을

- relocate to the countryside
- a peaceful life

'～하기를 바라다'는
wish to + V

UNIT 3
명사구 3
(to부정사구 2)

"Please"와 "Thank you"라고 말하는 것이 예의 바릅니다.

동명사나 to부정사를 이용하면 다양한 정보가 들어간 긴 주어도 만들 수 있습니다. 이때 동명사 주어는 길어도 문장의 주어 자리에 그대로 쓰는 반면, 원어민들은 특수한 경우를 제외하고는 주어로 쓰인 긴 to부정사 주어를 문장 맨 뒤로 뺍니다. 예를 들어 To exercise every day is important.를 _____ is important to exercise every day.로 말이죠. 이때 주어 자리가 비게 되므로 형식적인 주어 it을 채워 넣는 것입니다. 정리하면, to부정사는 문장의 주어가 될 수 있으나 긴 to부정사 주어는 문장 뒤로 빠지고 빈 자리는 it이 채웁니다.

예의 바릅니다 + 말하는 것이	+ "Please"와 "Thank you"를

STEP 1 전체 문장 완성하기

다음 문장을 힌트 단어를 보면서 완성해 보세요. MP3 037

---

1 예의 바릅니다

• **It is polite**
주어인 to부정사구가 길어서 문장 뒤로 빠진 빈 자리에 it

---

2 예의 바릅니다 / 말하는 것이

• **to say**
진짜 주어는 'to + 동사원형'으로 문장 뒤에

---

3 예의 바릅니다 / 말하는 것이 + "Please"와 "Thank you"를

• **"Please" and "Thank you"**
이때 please는 남에게 정중하게 부탁할 때 덧붙이는 말

Ans. It is polite to say "Please" and "Thank you".

말하는 중에 누군가를 방해하는 것은 무례한 겁니다.

무례합니다 + 방해하는 것은 + 누군가를 + 그들이 말하고 있는 중에

1 무례합니다

• rude
주어 자리에 형식 주어 it

2 **무례합니다** / 방해하는 것은 + 누군가를

• interrupt someone
'말하는 중간에 끼어들다'는
interrupt

3 **무례합니다 / 방해하는 것은 + 누군가를** / 그들이 말하고 있는 중에

• while
someone을 받는 대명사는
they

긴 하루를 마치고 음악을 듣는 것은 편안합니다.

편안합니다 + 듣는 것은 + 음악을 + 긴 하루 후에

1 편안합니다

• relaxing
긴 주어인 to부정사구가 문
장 뒤로 빠진 빈 자리에 it

2 **편안합니다** / 듣는 것은 + 음악을

• listen to music
'~하는 것, ~하기'는
to + 동사원형

3 **편안합니다 / 듣는 것은 + 음악을** / 긴 하루 후에

• after a long day

발표 전에 긴장을 느끼는 건 흔한 일입니다.

흔합니다 + 긴장을 느끼는 것은 + 발표 전에

• feel nervous
• before a
  presentation

1 면접을 위해서는 일찍 도착하는 것이 더 좋습니다.

↻ 더 좋습니다 + 도착하는 것이 + 일찍 + 면접을 위해서

- better
- for an interview

주어 자리에 형식 주어 it

---

2 정기적인 건강 검진을 받는 게 필요합니다.

↻ 필요합니다 + 받는 것이 + 정기적인 건강 검진을

- necessary
- get a regular health checkup

진짜 주어는 'to + 동사원형'으로 문장 뒤에 위치

---

3 소음이 너무 심할 때는 집중하기가 어렵습니다.

↻ 어렵습니다 + 집중하는 것이 + 소음이 너무 많이 있을 때는

- concentrate
- when there's so much noise

---

4 적어도 취침 1시간 전에는 전자 기기를 끄는 것이 바람직합니다.

↻ 바람직합니다 + 끄는 것이 + 전자 기기들을 + 적어도 취침 1시간 전에는

- advisable
- at least an hour before bedtime

'전자 기기들을 끄다'는 turn off electronics

---

5 큰 결정을 내리기 전에 두 번 생각하는 것이 최선입니다.

↻ 최선입니다 + 생각하는 것이 + 두 번 + 큰 결정을 내리기 전에

- make a big decision

---

6 흐린 날에도 자외선 차단제를 바르는 것이 필수적입니다.

↻ 필수적입니다 + 바르는 것은 + 자외선 차단제를 + 흐린 날들에도

- essential
- wear sunscreen

on cloudy days 앞에 even을 붙여 '~도(조차)'의 의미 더하기

---

7 온라인상에서 개인 정보를 안전하게 지키는 것이 중요합니다.

↻ 중요합니다 + 지키는 것이 + 개인 정보를 + 안전한 상태로 + 온라인상에서

- crucial
- keep personal information secure

online 자체가 '온라인의, 온라인상에서'

---

8 이 지역에서는 밤에 혼자 걸어다니는 것이 위험해요.

↻ 위험해요 + 걸어다는 것은 + 혼자 + 이 지역에서 + 밤에

- in this area

---

9 악기를 배우는 건 힘들지만 보람이 있습니다.

↻ 힘이 듭니다 + 배우는 것은 + 악기를, + 하지만 + 그것은 보람이 있습니다

- learn a musical instrument
- rewarding

'흥미롭고 즐거운 방식으로 힘든' 것은 challenging

---

10 다른 문화에 대해 배우는 것은 재미있습니다.

↻ 재미있습니다 + 배우는 것은 + 다른 문화들에 대해

- interesting
- different cultures

---

11 당신 작업에 오류가 있는지 다시 확인하는 것이 바람직합니다.

↻ 바람직합니다 + 다시 확인하는 것이 + 당신의 작업을 + 오류를 위해

- double-check
- for errors

'작업, 작업물'은 work

---

12 팀 내에서는 터놓고 소통하는 것이 중요합니다.

↻ 중요합니다 + 소통하는 것이 + 터놓고 + 한 팀 안에서는

- crucial
- communicate

'터놓고, 솔직하게'는 openly

UNIT 4
명사구 4
(to부정사의
의미상 주어)

당신이 그렇게 말하기는 쉽습니다.

우리말로 '말은 쉽죠', '그렇게 말하는 건 쉽지'라고 표현할 때가 있죠. 영어로는 To say that is easy. 주어-동사 뼈대가 다 갖춰진 문장입니다. 여기에 '당신이'가 붙어서 '당신이 그렇게 말하기는 쉽죠'는 영어로 어떻게 표현할까요? 영어는 to say that 앞에 to부정사의 주체인 '당신이'를 넣어 주기 위해 전치사 + 명사 형태를 씁니다. For you to say that is easy.처럼요. 그런데 문장의 주어가 긴 걸 싫어하다 보니 긴 주어를 맨 뒤로 빼 줍니다. 그럼 _____ is easy for you to say that.이 남아요. 그렇다고 빈 주어 자리를 그냥 둘 수는 없죠? 그래서 형식적인 주어 it을 넣어 채워 줍니다. 이게 영문법 책에서 말하는 '가주어 it'입니다.

| 쉽습니다 | + 당신이 + 말하기는 + 그렇게 |

STEP 1 전체 문장 완성하기

다음 문장을 힌트 단어를 보면서 완성해 보세요. **MP3 038**

1 쉽습니다

- easy

주어인 to부정사구가 길어서
문장 뒤로 빠진 빈 자리에 it

2 쉽습니다 / 당신이 말하기는

- for you

to부정사의 주체는
'for + 목적격'으로

3 쉽습니다 / 당신이 말하기는 + 그렇게

- that

Ans. It is easy for you to say that.

<table>
<tr><td>유제
1</td><td>내가 미안하다고 말하는 것은 어렵습니다.
어렵습니다 + 내가 + 말하는 것이 + 미안하다고</td></tr>
</table>

1   어렵습니다

- hard

주어 자리에 형식 주어 it

---

2   **어렵습니다** / 내가 말하는 것이

- for me

to부정사의 의미상 주어는
'for + 목적격'

---

3   **어렵습니다** / **내가 말하는 것이** / 미안하다고

- I'm sorry

<table>
<tr><td>유제
2</td><td>이 문제를 해결하다니 똑똑하군요.
똑똑하군요 + 당신이 + 해결하다니 + 이 문제를</td></tr>
</table>

1   똑똑하군요

- smart

긴 주어인 to부정사구가 문
장 뒤로 빠진 빈 자리에 it

---

2   **똑똑하군요** / 당신이 해결하다니

- of you

smart처럼 사람의 성격, 속
성을 나타내는 형용사가 나
올 때는 smart of you처럼
'of + 목적격'으로

---

3   **똑똑하군요** / **당신이 해결하다니** + 이 문제를

- this problem

<table>
<tr><td>유제
응용</td><td>시험에 합격하다니 당신은 정말 똑똑하군요.
정말 똑똑하군요 + 당신이 + 합격하다니 + 그 시험에</td><td>- quite smart
- the test</td></tr>
</table>

1 당신이 건강을 우선시하는 것이 중요합니다.

🗲 중요합니다 + 당신이 + 우선시하는 것이 + 당신의 건강을

• important
• prioritize
주어 자리에 형식 주어 it

---

2 그가 우리 회의에 늦는 건 이례적입니다.

🗲 이례적입니다 + 그가 + 늦는 것은 + 우리의 회의들에

• unusual
• be late for
회의를 여러 차례 한 것으로
미루어 복수형으로

---

3 우리가 함께 여행 계획을 세우는 것이 신납니다.

🗲 신납니다 + 우리가 + 계획하는 것이 + 여행을 + 함께

• exciting
• plan a trip

---

4 그가 다른 사람들과 어울리는 건 쉽지 않습니다.

🗲 쉽지 않습니다 + 그가 + 어울리는 것은 + 다른 사람들과

• socialize

---

5 그녀가 하루 종일 공부하는 것은 불가능합니다.

🗲 불가능합니다 + 그녀가 + 공부하는 것은 + 하루 종일

• impossible
• all day

---

6 그들이 자신들의 경험을 공유하는 것은 신나는 일입니다.

🗲 신나는 일입니다 + 그들이 + 공유하는 것은 + 그들의 경험들을

• exciting
• share
하나의 경험이 아니라서
복수로 표현

전체 문장의 진짜 주어인 to부정사를 설명하는 형용사가 사람의 성격이나 속성을 나타낼 때, 'of
+ 목적격'으로 to부정사의 주체를 추가해 영작하세요. 사람의 성격을 나타내는 형용사가 아닐 땐
'for + 목적격'으로 씁니다.

7 내 생일을 기억하다니 그들은 사려 깊어요.

　↺　사려가 깊어요 + 그들이 + 기억하다니 + 내 생일을

- thoughtful

앞에 나온 형용사가 행동 주
체의 성격이나 성질을 나타
낼 때는 for 대신 of를 사용

---

8 돈을 모두 다 가져가다니 그는 욕심이 많네요.

　↺　욕심이 많네요 + 그가 + 가져가다니 + 그 돈을 모두 다

- greedy
- take all the money

---

9 그것에 속아 넘어가다니 그녀는 어리석네요.

　↺　어리석네요 + 그녀가 + 속아 넘어가다니 + 그것에

- foolish
- fall for that

'~에 속다, 속아 넘어가다'는
fall for ~

---

10 그녀가 말하는 도중에 방해하다니 (당신은) 무례하군요.

　↺　무례하군요 + 당신이 + 방해하다니 + 그녀를 + 그녀가 말하는 도중에

- rude
- while she is
  speaking

'(말, 행동을) 방해하다,
중단시키다'는 interrupt

---

11 매달 자선단체에 기부하다니 (당신은) 관대하시군요.

　↺　관대하군요 + 당신이 + 기부하다니 + 그 자선단체에 + 매달

- generous
- donate
- to the charity

---

12 예상치 못한 비상사태에 대비해서 돈을 모으다니 (당신은) 현명하시네요.

　↺　현명하군요 + 당신이 + 모으다니 + 돈을 + 예상치 못한 비상사태를 위해

- wise
- for unexpected
  emergencies

한국어 문장에서는 '당신이'가 빠진 경우가 많습니다. 하지만 영어로 작문할 때는 그런 의미를
살려서 of you, for you를 넣어 주는 센스가 필요합니다.

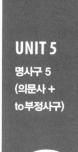

UNIT 5
명사구 5
(의문사 +
to부정사구)

식료품점에서 무엇을 사야 할지 잊어버렸어요.

to부정사구는 의문사와 결합해 다양한 표현으로 활용됩니다.

무엇을 할지 – what to do   언제 갈지 – when to go

어디로 갈지 – where to go   어떻게 공부할지/공부하는 방법 – how to study

이렇게 '의문사 + to부정사구'는 하나의 커다란 명사 덩어리가 되어 뼈대 문장의 서술어 앞뒤에 위치해 문장을 확장합니다.

| 나는 잊어버렸어요 | + 무엇을 사야 할지 + 그 식료품점에서 |

STEP 1 전체 문장 완성하기

다음 문장을 힌트 단어를 보면서 완성해 보세요.   MP3 039

1 나는 잊어버렸어요

• forget
과거 시제로

2 나는 잊어버렸어요 / 무엇을 사야 할지

• what to buy
'무엇을 ~할지'는
what to + V

3 나는 잊어버렸어요 / 무엇을 사야 할지 + 그 식료품점에서

• at the grocery
store

Ans. I forgot what to buy at the grocery store.

우리는 이번 주말에 무엇을 할지 고민 중입니다.

우리는 고민 중입니다 + 무엇을 할지 + 이번 주말에

1 우리는 고민 중입니다

• wonder
현재진행 시제로

2 우리는 고민 중입니다 / 무엇을 할지

• what to do

3 우리는 고민 중입니다 / 무엇을 할지 + 이번 주말에

• this weekend

파티에 누구를 초대해야 할지 모르겠어요.

나는 모르겠어요 + 누구를 초대해야 할지 + 그 파티에

1 나는 모르겠어요

• know
부정문으로

2 나는 모르겠어요 / 누구를 초대해야 할지

• whom to invite
'누구를 ~할지'는
whom to + V

3 나는 모르겠어요 / 누구를 초대해야 할지 + 그 파티에

• to the party

나는 뭘 해야 할지, 누구에게 물어봐야 할지 모르겠어요.

나는 모르겠어요 + 뭘 해야 할지 + 그리고 + 누구에게 물어봐야 할지

• know
• whom to ask

1 내 진짜 딜레마는 오늘 밤 파티에 무엇을 입을 것인가입니다.

　◑　나의 진짜 딜레마는 ~입니다 + 무엇을 입을지 + 그 파티에 + 오늘 밤에

- real dilemma
- wear

---

2 우리는 넷플릭스에서 무엇을 볼지 정하려고 해요.

　◑　우리는 하려고 해요 + 결정하는 것을 + 무엇을 볼지 + 넷플릭스에서

- try to decide
- on Netflix

현재진행 시제로

---

3 그 매니저는 올해 누구를 승진시킬지 결정했어요.

　◑　그 매니저는 결정했어요 + 누구를 승진시킬지 + 올해에

- promote

---

4 그는 자신의 재정을 현명하게 관리하는 법을 배우고 있어요.

　◑　그는 배우고 있어요 + 관리하는 방법을 + 그의 재정을 + 현명하게

- manage his finances

'~하는 방법, 어떻게 ~하는
지'는 how to + V

---

5 그 선생님은 자기 학생들에게 동기 부여하는 방법을 생각해 내고 있어요.

　◑　그 선생님은 생각해 내고 있어요 + 동기 부여하는 방법을 + 그녀의 학생들에게

- figure out
- motivate

motivate는 대상어(목적어)
가 전치사 없이 동사 뒤에 바
로 위치

---

6 이 새로운 소프트웨어를 어떻게 작동시키는지 이해하려고 애쓰고 있어요.

　◑　나는 애쓰고 있어요 + 이해하는 것을 + 어떻게 작동시키는지 +
　　　이 새로운 소프트웨어를

- try to understand
- operate

현재진행 시제로

---

7 우리는 언제 가족 모임을 가질지 계획하고 있어요.

  ↻ 우리는 계획하고 있어요 + 언제 가질지 + 그 가족 모임을

- plan
- the family reunion

'언제 ~할지'는
when to + V

---

8 그들은 새 제품을 언제 출시할지 논의 중입니다.

  ↻ 그들은 논의 중입니다 + 언제 출시할지 + 그 새 제품을

- discuss
- launch

---

9 그는 언제 그녀에게 청혼할지 아직 결정하지 못했어요.

  ↻ 그는 결정하지 못했어요 + 아직 + 언제 청혼할지 + 그녀에게

- not ~ yet
- propose to her

현재완료 시제로

---

10 그녀는 유기농 과일과 채소를 어디서 사야 할지 알아보고 있어요.

  ↻ 그녀는 알아보고 있어요 + 어디서 사야 할지 + 유기농 과일들과 채소들을

- figure out
- organic

'어디에, 어디에서 ~할지'는
where to + V

---

11 그들은 꿈에 그리던 집을 어디에 지을지 궁리하고 있어요.

  ↻ 그들은 궁리하고 있어요 + 어디에 지을지 + 그들의 꿈의 집을

- consider
- their dream home

---

12 저축한 돈을 어디에 투자할지 조사하고 있습니다.

  ↻ 나는 조사하고 있습니다 + 어디에 투자할지 + 내 저축한 돈을

- research
- invest my savings

UNIT 6
명사절 1

당신이 최근에 열심히 일하고 있다는 것을 알고 있어요.

영어 문장의 기본 뼈대인 주어 + 서술어에서 어떤 동사들은 그 뒤에 목적어가 꼭 따라옵니다. 'I know it. I believe that.'처럼 동사 뒤에 한 단어가 올 수도 있지만, 이 명사 자리에 하나의 완벽한 문장이 들어가 전체 문장의 목적어 역할을 할 수도 있어요. '나는 알고 있어요 + [당신이 최근에 열심히 일하고 있다는 것을]'처럼 말이죠. 이때 뒤에 오는 문장 앞에 접속사 that을 붙여 명사절로 만들면 됩니다.

 나는 알고 있어요 + 당신이 일하고 있다는 것을 + 열심히 + 최근에

STEP 1 전체 문장 완성하기

다음 문장을 힌트 단어를 보면서 완성해 보세요. **MP3 040**

1 나는 알고 있어요

• know

---

2 나는 알고 있어요 / 당신이 일하고 있다는 것을

• that

일해 왔고 지금도 하고 있으므로 have been Ving 현재완료진행 시제로

---

3 나는 알고 있어요 / 당신이 일하고 있다는 것을 / 열심히 / 최근에

• recently

> **Ans.** I know that you've been working hard recently.

Tips! I know that S + V ~. 이때 접속사 that은 특별한 의미를 갖는 것이 아니라서 생략할 수 있습니다. I believe I can fly. 이 문장도 that을 생략한 경우입니다. 이렇게 that이 이끄는 명사절이 전체 문장의 목적어일 때는 생략이 가능하며, 주로 말할 때 편의상 생략합니다.

유제 1	내일은 날씨가 화창할 것 같아요. 나는 생각합니다 + 날씨가 화창할 것이라고 + 내일	

1 나는 생각합니다

- I think

think 뒤에 that이 이끄는 명사절이 오면 '~라고 생각하다, ~인 것 같다'라는 뜻

2 나는 생각합니다 / 날씨가 화창할 것이라고

- the weather will be sunny

완전한 문장 앞에 that을 붙여 명사절로 만들기

3 나는 생각합니다 / 날씨가 화창할 것이라고 / 내일

- tomorrow

유제 2	그녀는 모든 사람이 동등하게 대우받아야 한다고 믿어요. 그녀는 믿어요 + 모든 사람이 대우받아야 한다고 + 동등하게	

1 그녀는 믿어요

- believe

2 그녀는 믿어요 / 모든 사람이 대우받아야 한다고

- should be treated

3 그녀는 믿어요 / 모든 사람이 대우받아야 한다고 / 동등하게

- equally

유제 응용	이번이 모두에게 힘든 시기라고 생각합니다. 나는 생각합니다 + 이번이 힘든 시기라고 + 모두에게	• these are tough times

---

1 그는 기차가 연착되었다고 언급했어요.

↻ 그는 언급했어요 + 그 기차가 연착되었다고

- mention
- the train was delayed

'미루다, 연기하다'는 delay
'지연되다'는 be delayed

---

2 당신이 잠깐 쉬기를 제안합니다.

↻ 나는 제안합니다 + 당신이 잠깐 쉬기를

- suggest
- take a break

suggest는 '~해야 한다고 제안하다'의 뜻으로 that절 안에 원칙적으로 should를 써야 하지만 생략 가능

---

3 그녀는 그 결정이 불공평했다고 느낍니다.

↻ 그녀는 느낍니다 + 그 결정이 불공평했다고

- feel
- unfair

---

4 시내에 새로 생긴 식당이 훌륭하다고 들었어요.

↻ 나는 들었어요 + 그 새로운 식당이 + 시내에 있는 + 훌륭하다고

- hear
- downtown
- excellent

---

5 오늘 밤 저녁 식사 값은 내가 내게 해 주세요.

↻ 나는 주장합니다 + 당신이 허락해 줘야 한다고 + 내가 + 저녁 식사 값을 내도록 + 오늘 밤에

- insist
- let me pay for dinner

insist는 '~해야 한다 (should)고 주장하다'라는 뜻으로 that절 안에 should를 써야 하지만 should 생략 가능. 특이한 구조라서 꼭 암기!

---

6 나는 우리가 작년에 어떤 회의에서 만났던 게 기억나요.

↻ 나는 기억나요 + 우리가 만났던 것을 + 한 회의에서 + 작년에

- at a conference

---

7 제 과제하는 걸 도와주셔서 감사합니다.

⟳ 나는 감사합니다 + 당신이 도와주었던 것을 + 내가 + 내 과제하는 것을

- appreciate
- my assignment

help A with B는 'A가 B하
는 걸 도와주다'로 B자리에
명사구가 위치

---

8 나는 인내심이 소중한 기술이라는 것을 배웠어요.

⟳ 나는 배웠어요 + 인내심이 ~인 것을 + 소중한 기술

- patience is a
  valuable skill

'배워서 알고 있다'는 의미로
현재완료 시제

---

9 그녀가 어머니 생신을 위해 깜짝 파티를 계획 중인 것을 난 알고 있어요.

⟳ 나는 알고 있어요 + 그녀가 계획 중인 것을 + 깜짝 파티를 +
그녀의 어머니의 생신을 위해

- a surprise party

---

10 나는 이 책이 읽을 가치가 있다고 생각해요.

⟳ 나는 생각해요 + 이 책이 가치가 있다고 + 읽을

- worth reading

'~할 가치가 있는'
worth + 명사/Ving

---

11 난 이것이 우리 문제에 대한 최선의 해결책이라고 생각하지 않아요.

⟳ 나는 생각하지 않아요 + 이것이 ~이라고 + 최선의 해결책 + 우리의 문제에 대한

- the best solution
  to ~

'~ 아닌 것 같다, ~라고 생
각하지 않다'는 I don't think
that ~

---

12 난 우리가 모든 일을 끝내기에는 시간이 충분하지 않다고 생각해요.

⟳ 나는 생각하지 않아요 + 우리가 가지고 있다고 + 충분한 시간을 +
모든 일들을 끝낼

- finish all the tasks

– to finish all the tasks는
  to부정사로 enough time
  을 수식
– 영어는 I don't think처럼
  앞을 부정으로 말하고 뒤
  를 긍정으로 말하는 것이
  자연스럽다고 여김

193

문제는 이 프로젝트가 기한이 촉박하다는 것입니다.

명사는 문장의 주요 성분인 주어, 목적어, 보어로 쓰일 수 있습니다. 명사구, 명사절도 주어, 목적어, 보어 자리에서 그 역할을 할 수 있고, 그로 인해 문장이 길어집니다. 하나의 완전한 문장 앞에 접속사 that을 붙이면 'OO는 ~라는 것'이라는 뜻의 명사절이 되는데, 이 명사절을 뼈대 문장의 주어를 보충해 주는 보어 자리에 넣으면 긴 문장이 완성됩니다.

 | **문제는 ~입니다** | + 이 프로젝트가 가지고 있다는 것 + 촉박한 기한을

STEP 1 전체 문장 완성하기

다음 문장을 힌트 단어를 보면서 완성해 보세요. **MP3 041**

1 문제는 ~입니다

- The problem is

---

2 문제는 ~입니다 / 이 프로젝트가 가지고 있다는 것

- that
뒤에 나오는 문장 앞에 that
을 붙여 명사절로

---

3 문제는 ~입니다 / 이 프로젝트가 가지고 있다는 것 / 촉박한 기한을

- a tight deadline

Ans. The problem is that this project has a tight deadline.

문제는 그 가게가 주말에는 오후 6시에 문을 닫는다는 겁니다.

문제는 ~입니다 + 그 가게가 문을 닫는다는 것 + 오후 6시에 + 주말에는

1   문제는 ~입니다

• The problem is

2   문제는 ~입니다 / 그 가게가 문을 닫는다는 것

• that the store closes

문장 앞에 that을 붙여 명사절로

3   문제는 ~입니다 / 그 가게가 문을 닫는다는 것 / 오후 6시에 / 주말에는

• on weekends

재미있는 것은 그가 나와 똑같은 옷을 입었다는 겁니다.

재미있는 것은 ~입니다 + 그가 입었다는 것 + 똑같은 옷을 + 나와

1   재미있는 것은 ~입니다

• The funny thing is

2.   재미있는 것은 ~입니다 / 그가 입었다는 것

• that he wore

문장 앞에 that을 붙여 명사절로

3   재미있는 것은 ~입니다 / 그가 입었다는 것 / 똑같은 옷을 / 나와

• the same outfit as me

재미있는 것은 나도 조금 전에 같은 생각을 했다는 겁니다.

재미있는 것은 ~입니다 + 나도 가졌다는 것 + 같은 생각을 + 조금 전에

• the same thought
• earlier

195

1 중요한 건 당신이 최선을 다했다는 겁니다.

 ⟳ 중요한 것은 ~입니다 + 당신이 다했다는 것 + 당신의 최선을

- The important thing is

'최선을 다하다'는 try one's best

---

2 중요한 것은 그 사고에서 아무도 다치지 않았다는 것입니다.

 ⟳ 중요한 것은 ~입니다 + 아무도 다치지 않았다는 것 + 그 사고에서

- nobody got hurt
- in the accident

---

3 사실은 그녀가 이 분야에서 더 경험이 많다는 것입니다.

 ⟳ 사실은 ~입니다 + 그녀가 더 경험이 많다는 것 + 이 분야에서

- The fact is
- more experienced
- in this field

---

4 사실은 모든 사람이 당신의 결정에 동의하지는 않을 거라는 것입니다.

 ⟳ 사실은 ~입니다 + 모든 사람이 동의하지는 않을 것이라는 것 + 당신의 결정에

- not everyone will agree

'~에 동의하다'는 agree with

---

5 진실은 나는 항상 작가가 되고 싶었다는 것입니다.

 ⟳ 진실은 ~입니다 + 나는 항상 원했다는 것 + 작가가 되기를

- The truth is
- I've always wanted

예전에도 지금도 원하는 거니까 현재완료

---

6 진실은 나는 국외로 여행 간 적이 없다는 것입니다.

 ⟳ 진실은 ~입니다 + 나는 여행 간 적이 없다는 것 + 국외로

- outside the country

'여행한 적이 없다'는 현재완료 시제로 have never traveled

---

7 요점은 양보다 질이 더 중요하다는 것입니다.

    ↻   요점은 ~입니다 + 질이 중요하다는 것 + 더 + 양보다

- quality matters
- more than quantity

matter는 동사로 '중요하다'의 의미

---

8 혜택은 회원들이 20% 할인을 받는다는 것입니다.

    ↻   혜택은 ~입니다 + 회원들이 받는다는 것 + 20% 할인을

- The benefit is
- a 20% discount

---

9 이 방법의 장점은 시간을 많이 절약한다는 것입니다.

    ↻   이 방법의 장점은 ~입니다 + 그것은 절약한다는 것 + 많은 시간을

- The advantage of this method is

'시간을 절약하다'는 save time

---

10 이곳의 매력은 집처럼 느껴진다는 것입니다.

    ↻   이곳의 매력은 ~입니다 + 그것은 느껴진다는 것 + 집처럼

- charm
- like home

---

11 현실은 우리가 예산을 조절해야 한다는 것입니다.

    ↻   현실은 ~입니다 + 우리가 조절해야 한다는 것 + 우리의 예산을

- reality
- adjust our budget

'~해야 한다, ~할 필요가 있다'는 need to + V

---

12 좋은 소식은 우리가 내일까지 프로젝트를 끝낼 수 있다는 것입니다.

    ↻   좋은 소식은 ~입니다 + 우리가 끝낼 수 있다는 것 + 그 프로젝트를 + 내일까지

- The good news is

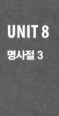

지난주에 똑같은 일이 나에게 일어났다는 것이 믿을 수가 없어요.

이 문장에서 주어는 '지난 주에 똑같은 일이 나에게 일어났다는 것'입니다. 이렇게 주어 자리에 명사절이 오면 주어가 너무 긴 문장이 됩니다. 영어에서는 긴 주어를 앞에 두기보다 문장 뒤로 보내고 빈 주어 자리에 형식 주어 it을 세웁니다. 'It is unbelievable that ~'처럼 영어에서는 이렇게 긴 주어 that 절이 뒤에 위치하는 구조가 더 자연스럽습니다.

| 믿을 수가 없어요 | + 똑같은 일이 일어났다는 것이 + 나에게 + 지난주에 |

STEP 1 전체 문장 완성하기

다음 문장을 힌트 단어를 보면서 완성해 보세요. **MP3 042**

1   믿을 수가 없어요

• It is unbelievable

긴 주어인 명사절이 문장 뒤로 빠진 빈자리에 형식 주어 it 넣기

2   믿을 수가 없어요 / 똑같은 일이 일어났다는 것이

• that the same thing happened

접속사 that을 붙여 문장을 명사절로 만들기

3   믿을 수가 없어요 / 똑같은 일이 일어났다는 것이 / 나에게

• to me

4   믿을 수가 없어요 / 똑같은 일이 일어났다는 것이 / 나에게 / 지난주에

• last week

> Ans. It is unbelievable that the same thing happened to me last week.

1   짜증납니다

- It is annoying

긴 주어인 that절이 문장 뒤로 빠진 자리에 가주어 it 넣기

---

2   **짜증납니다** / 내 이웃이 트는 것이 / 시끄러운 음악을

- play loud music

문장 앞에 접속사 that을 붙여 명사절로 만들기

---

3   **짜증납니다** / **내 이웃이 트는 것이** / 시끄러운 음악을 / 밤늦게

- late at night

| 유제
2 | 우리가 마감일을 맞추는 것이 중요합니다.
중요합니다 + 우리가 맞추는 것이 + 그 마감일을 |

1   중요합니다

- It is important

---

2   **중요합니다** / 우리가 맞추는 것이 / 그 마감일을

- meet the deadline

| 유제
응용 | 모든 사람이 회의에 시간 맞춰 도착하는 것이 중요합니다.
중요합니다 + 모든 사람이 도착하는 것이 + 시간에 맞춰 + 그 회의를 위해 |

- on time
- for the meeting

---

1 연습이 완벽을 만든다는 것은 사실입니다.

⟳ 사실입니다 + 연습이 만든다는 것은 + 완벽을

● It is true

긴 주어인 명사절은
문장 뒤에

---

2 기후가 빠르게 변하고 있다는 것은 분명합니다.

⟳ 분명합니다 + 그 기후가 변하고 있다는 것은 + 빠르게

● clear
● the climate
● rapidly

that절의 시제는 현재진행형
으로

---

3 우리가 그 보고서를 다시 확인하는 것이 극히 중요합니다.

⟳ 극히 중요합니다 + 우리가 다시 확인하는 것은 + 그 보고서를

● essential
● double-check

---

4 그가 회의를 준비하지 않았다는 것은 명백합니다.

⟳ 명백합니다 + 그가 준비하지 않았다는 것은 + 그 회의를

● obvious
● prepare for

문장 앞에 that을 붙여 명사
절로

---

5 비 때문에 축제가 취소된 것이 너무 아쉽습니다.

⟳ 너무 아쉽습니다 + 그 축제가 취소된 것은 + 그 비 때문에

● too bad
● the festival was
  canceled

'~ 때문에'는
because of + 명사

---

6 내가 다른 도시에서 옛 친구를 마주쳤다는 것이 놀랍습니다.

⟳ 놀랍습니다 + 내가 마주쳤다는 것이 + 내 옛 친구를 + 다른 도시에서

● surprising
● run into

---

7 출퇴근 시간에 교통체증이 있을 것 같습니다.

    ↻ ~할 것 같습니다 + 교통체증이 있을 것 + 출퇴근 시간에

- It is likely
- during rush hour

'~이 있을 것이다'는
there will be ~

---

8 어디에서도 열쇠를 찾을 수 없다는 것이 이상합니다.

    ↻ 이상합니다 + 내가 찾을 수 없다는 것이 + 내 열쇠들을 + 어디에서도

- strange
- anywhere

---

9 콘서트 티켓이 너무 빨리 매진되어 안타깝습니다.

    ↻ 안타깝습니다 + 그 콘서트 티켓들이 매진되었다는 것이 + 너무 빨리

- It is a pity
- so quickly

'다 팔리다, 매진되다'는
sell out

---

10 그 사고에서 아무도 다치지 않은 것은 기적입니다.

    ↻ 기적입니다 + 아무도 다치지 않은 것은 + 그 사고에서

- a miracle
- no one was injured

---

11 그 서류가 내 책상에서 사라진 게 미스터리입니다.

    ↻ 미스터리입니다 + 그 서류가 사라졌다는 것은 + 내 책상에서

- a mystery
- disappear
- from my desk

---

12 우리에게 힘이 되는 친구들과 가족이 있다는 것은 축복입니다.

    ↻ 축복입니다 + 우리가 가지고 있는 것은 + 힘이 되는 친구들과 가족을

- a blessing
- supportive friends

내가 없는 동안 누가 전화했는지 모릅니다.

이 문장에서 목적어는 '내가 없는 동안 누가 전화했는지'입니다. 그 목적어의 핵심은 '누가 전화했는지'의 누가인 의문사 who고요. 이렇게 의문사 who, what, when, where, how, why 역시 명사절을 만드는 접속사 역할을 할 수 있어요. 이때 의문사가 이끄는 명사절이 전체 문장의 주어, 목적어, 보어 역할을 합니다. 의문사가 이끄는 명사절의 기본 어순은 '의문사 + 주어 + 동사'입니다. 특히 의문사 who(누구)와 what(무엇)은 그 자체로 명사절의 주어가 될 수 있기 때문에 who/what 뒤에 동사가 바로 오기도 합니다. 의문사가 이끄는 명사절의 어순에 주의하며 문맥과 의미에 맞게 영작해 보세요.

| 나는 모릅니다 | + 누가 전화했는지 + 내가 없는 동안 |

STEP 1 전체 문장 완성하기

다음 문장을 힌트 단어를 보면서 완성해 보세요. **MP3 043**

1 나는 모릅니다

• know
부정문으로

---

2 나는 모릅니다 / 누가 전화했는지

• who called
– who가 명사절의 주어일
  때는 who + V 어순으로
– 동사의 시제에 주의

---

3 나는 모릅니다 / 누가 전화했는지 / 내가 없는 동안

• I was out
'~하는 동안'은 while S + V

Ans. I don't know who called while I was out.

누가 문을 열어 놨는지 아세요?

당신은 아세요 + 누가 두었는지 + 그 문을 + 열어 놓은 상태로

1 당신은 아세요

• know
의문문으로

---

2 당신은 아세요 / 누가 두었는지 / 그 문을

• leave the door
who가 명사절의 주어일 때
는 who + V, 의미에 맞게 동
사의 시제 주의

---

3 당신은 아세요 / 누가 두었는지 / 그 문을 / 열어 놓은 상태로

• open

회의에서 무슨 일이 일어났는지 아세요?

당신은 아세요 + 무슨 일이 일어났는지 + 그 회의에서

1 당신은 아세요

• know

---

2 당신은 아세요 / 무슨 일이 일어났는지

• what happened
what이 명사절의 주어일 때
는 what + V, 의미에 맞게
동사의 시제 주의

---

3. 당신은 아세요 / 무슨 일이 일어났는지 / 그 회의에서

• at the meeting

나는 그가 회의에서 무엇 때문에 화가 났는지 모르겠습니다.

나는 모르겠습니다 + 무엇이 만들었는지 + 그를 + 화나게 + 그 회의에서

• upset

---

1 나는 이 프로젝트를 누가 담당하고 있는지 알아야 해요.

   ○ 나는 필요해요 + 아는 것이 + 누가 담당하고 있는지 + 이 프로젝트를

• be in charge of

who가 명사절의 주어일 때
는 who + V, 이때 who는
3인칭 단수 취급

---

2 누가 다음 CEO가 될지는 아무도 모릅니다.

   ○ 아무도 모릅니다 + 누가 될지 + 그 다음 CEO가

• nobody knows

'누가 ~가 될지'는 who will
be ~

---

3 그녀는 회의 중에 누가 통화를 했냐고 물었습니다.

   ○ 그녀는 물었습니다 + 누가 통화를 했냐고 + 그 회의 중에

• be on the phone

---

4 그녀가 파티에서 누구와 이야기했는지 아세요?

   ○ 당신은 아세요 + 누구와 그녀가 이야기했는지 + 그 파티에서

• who she talked to

who가 명사절의 주어가
아닐 때는 who + S + V
어순으로

---

5 그녀는 이 상황에서 누구를 믿어야 할지 확신을 못합니다.

   ○ 그녀는 확신을 못합니다 + 누구를 그녀가 믿어야 할지 + 이 상황에서

• not sure
• should trust

who + S + V 어순으로

---

6 제 질문은 누가 이런 결정을 내렸는가입니다.

   ○ 제 질문은 ~입니다 + 누가 만들었는가 + 이런 결정을

• My question is
• make

– 의문사가 이끄는 명사절이
  주어의 보충어
– 원어민에게 결정은 '하는'
  게 아니라 '만드는' 것

---

7 무엇 때문에 그녀가 마음을 그렇게 갑자기 바꿨는지 궁금합니다.

↻ 나는 궁금합니다 + 무엇이 만들었는지 + 그녀를 + 그녀의 마음을 바꾸도록 + 그렇게 갑자기

- wonder
- so suddenly

what이 명사절의 주어일 때는 what + V로, 의미에 맞게 동사의 시제에 주의

---

8 우리 처음 만났을 때 어떤 노래가 나오고 있었는지 기억해요?

↻ 당신은 기억해요 + 어떤 노래가 나오고 있었는지 + 우리가 처음 만났을 때

- what song was playing

what은 '어떤, 무슨'이란 뜻도 있어서 뒤에 또 다른 명사를 수식 가능

---

9 몇 시인지 아세요?

↻ 당신은 아세요 + 몇 시인지

- what time

What time is it?을 명사절로 바뀌면 어순도 바뀌어서 what time it is

---

10 내가 지금 무엇을 하고 있는 건지 모르겠어요.

↻ 나는 모르겠어요 + 무엇을 내가 하고 있는 건지 + 지금

- I'm doing

명사절 어순은 what + S + V, 현재진행 시제로

---

11 그가 회의 중에 뭐라고 말했는지 아세요?

↻ 당신은 아세요 + 뭐라고 그가 말했는지 + 회의 중에

- during the meeting

what이 명사절의 목적어일 때는 what + S + V 어순으로

---

12 그들은 가장 좋은 접근법이 무엇인지에 대해 논의 중입니다.

↻ 그들은 논의하고 있습니다 + 무엇이 가장 좋은 접근법인지

- discuss
- the best approach

의문사 what + S + V, 여기서 주어는 the best approach

다음 기차가 언제 도착하는지 잘 모르겠어요.

이 문장에서 뼈대 문장은 '나는 잘 모르겠어요'이고 그 뒤에 '다음 기차가 언제 도착하는지'를 의문사가 이끄는 명사절로 붙여 줘야 합니다. 의문사 when 뒤에 주어 + 동사의 어순으로 영작하면 됩니다. 의문사 when, where는 뒤에 주어 + 동사를 순서대로 붙이면 긴 문장을 쉽게 만들 수 있어요. 의문사가 이끄는 명사절 안에서 주어-동사 일치 및 시제에 주의해서 영작하세요.

| 나는 잘 모르겠어요 | + 언제 그 다음 기차가 도착하는지 |

STEP 1 전체 문장 완성하기

다음 문장을 힌트 단어를 보면서 완성해 보세요. MP3 044

1 나는 잘 모르겠어요

• not sure

---

2 나는 잘 모르겠습니다 / 언제 그 다음 기차가 도착하는지

• the next train

의문사 when이
명사절을 이끌 때,
when S + V 어순으로

> **Ans.** I'm not sure when the next train arrives.

그는 런던행 다음 비행편이 언제 있는지 알고 싶어 합니다.

그는 원합니다 + 알기를 + 언제 런던행 다음 비행편이 있는지

1   그는 원합니다

• **want**
주어가 3인칭 단수

2   **그는 원합니다** / 알기를

• **know**

3   **그는 원합니다** / **알기를** / 언제 그 런던행 다음 비행편이 있는지

• **the next flight to London**
when + S + V 어순으로

어디서 촬영을 할지 잘 모르겠어요.

나는 잘 모르겠어요 + 어디에서 내가 할지 + 나의 사진 촬영을

1   나는 잘 모르겠어요

• **not sure**

2   **나는 잘 모르겠어요** / 어디에서 내가 할지

• **where I'll do**
의문사 where가
명사절을 이끌 때,
where S + V 어순으로

3   **나는 잘 모르겠어요** / **어디에서 내가 할지** / 나의 사진 촬영을

• **my photoshoot**

우리는 언제 어디서 사진 촬영을 할지 계획을 세워야 해요.

우리는 필요해요 + 계획을 세우는 것이 + 언제 그리고 어디서 + 우리가 할지 + 우리의 사진 촬영을

• **need to plan**

---

1 그에게 방문하기 가장 좋은 때가 언제인지 물어보겠습니다.

↻ 내가 물어보겠습니다 + 그에게 + 언제가 가장 좋은 시간 (방문하기에) 인지

- the best time to visit
– '그게 언제인지'는 when S + V
– 명사절의 주어가 길어졌을 뿐 같은 어순

---

2 언제 그 영화가 시작하는지 알아보려고 합니다.

↻ 나는 알아보려고 합니다 + 언제 그 영화가 시작하는지

- try to find out
현재진행 시제로

---

3 새로운 에피소드가 언제 방송될지 궁금해요.

↻ 나는 궁금해요 + 언제 그 새로운 에피소드가 방송될지

- will be aired

---

4 세일이 언제 시작되는지 알아내고 싶어요.

↻ 나는 원해요 + 알아내기를 + 언제 그 세일이 시작되는지

- want to figure out

---

5 그녀는 그 행사가 언제 열릴지에 대해 궁금해합니다.

↻ 그녀는 궁금해합니다 + 언제 그 행사가 열릴지에 대해

- curious about
- will take place

---

6 파티가 끝나고 그들이 어디로 갔는지 아세요?

↻ 당신은 아세요 + 어디로 그들이 갔는지 + 그 파티가 끝나고

- after the party
의문사 where가 명사절을 만들 때는 where S + V 어순으로

---

7 내 선글라스를 어디에 뒀는지 잊어버렸어요.

 🔄 나는 잊어버렸어요 + 어디에 내가 뒀는지 + 내 선글라스를

• forget

'놓다, 두다'는 place

---

8 그는 차를 어디에 주차했는지 기억을 못해요.

 🔄 그는 기억을 못해요 + 어디에 그가 주차했는지 + 그의 차를

• can't remember
• park

명사절의 시제는 과거

---

9 가장 가까운 주유소가 어디 있는지 알려 줄래요?

 🔄 당신은 말해 줄 수 있나요 + 나에게 + 어디에 가장 가까운 주유소가 있는지

• the nearest gas station

'~가 어디에 있는지'는 where S is

---

10 그녀는 최고의 요가 스튜디오가 어디 있는지 조사하고 있어요.

 🔄 그녀는 조사하고 있어요 + 어디에 최고의 요가 스튜디오들이 있는지

• research

---

11 그는 언제 어디서 그 노래를 들었는지 기억하지 못해요.

 🔄 그는 기억하지 못해요 + 언제 그리고 어디에서 그가 들었는지 + 그 노래를

• can't recall

명사절의 시제는 과거

---

12 나는 언제 어디서 그를 만나야 하는지를 잊어버렸어요.

 🔄 나는 잊어버렸어요 + 언제 그리고 어디에서 내가 하기로 되어 있는지 + 그를 만나기로

• be supposed to meet him

'규칙, 약속 등에 의해 ~하기로 되어 있다/해야 한다'는 be supposed to + V

UNIT 11
의문사가 이끄는
명사절 3

어떻게 그녀가 그렇게 항상 의욕적인 상태로 지내는지 궁금해요.

이 문장에서는 '나는 궁금해요'의 뼈대 문장 뒤에 의문사가 이끄는 명사절을 덧붙여야 합니다. '어떻게 그녀가 ~인지'는 의문사 how로 시작해서 주어 + 동사의 어순으로 배열하면 됩니다. 의문사 why가 명사절을 이끌 때도 같은 어순으로 하지요. 뼈대 문장을 세운 후, 의문사가 이끄는 명사절을 의미에 맞게 주어-동사 일치 및 동사의 시제에 주의해서 영작하면 문장 만들기가 그렇게 어렵지 않습니다.

 나는 궁금해요 + 어떻게 그녀가 지내는지 + 그렇게 의욕적인 상태로 + 항상

STEP 1 전체 문장 완성하기

다음 문장을 힌트 단어를 보면서 완성해 보세요. **MP3 045**

1 나는 궁금해요
• wonder

---

2 **나는 궁금해요** / 어떻게 그녀가 지내는지
• stay
의문사 how가 명사절을
이끌 때는 how S + V 어순
으로

---

3 **나는 궁금해요 / 어떻게 그녀가 지내는지** / 그렇게 의욕적인 상태로
• so motivated
'stay + 형용사'는 '~한 상태
로 지내다'의 뜻

---

4 **나는 궁금해요 / 어떻게 그녀가 지내는지 / 그렇게 의욕적인 상태로** / 항상
• all the time

Ans. I wonder how she stays so motivated all the time.

유제 1

나는 그들이 서로 어떻게 만났는지 궁금해요.

나는 궁금해요 + 어떻게 그들이 만났는지 + 서로를

1 나는 궁금해요

- curious about

'~이 궁금하다'의 또다른 표현 be curious about

---

2 나는 궁금해요 / 어떻게 그들이 만났는지

- how they met

---

3 나는 궁금해요 / 어떻게 그들이 만났는지 / 서로를

- each other

유제 2

저는 그들이 고객의 불만을 어떻게 처리하는지 알고 싶습니다.

저는 알고 싶습니다 + 어떻게 그들이 처리하는지 + 고객 불만들을

1 저는 알고 싶습니다

- I'd like to know

공손한 뉘앙스로 '~하고 싶습니다'는 I'd like to + V

---

2 저는 알고 싶습니다 / 어떻게 그들이 처리하는지

- handle

의문사 how가 명사절을 이끌 때는 how S + V 어순으로

---

3 저는 알고 싶습니다 / 어떻게 그들이 처리하는지 / 고객 불만들을

- customer complaints

불만이 여러 개일 것이므로 복수형으로

유제 응용

나는 그녀가 스트레스 받는 상황들을 어떻게 다루는지 궁금해요.

나는 궁금해요 + 어떻게 그녀가 다루는지 + 스트레스 받는 상황들을

- curious about
- stressful situations

---

1 교통체증에도 불구하고 그들이 어떻게 항상 제시간에 도착하는지 궁금해요.

↻ 나는 궁금해요 + 어떻게 그들이 항상 도착하는지 + 시간에 맞게 + 그 교통체증에도 불구하고

- on time
- despite the traffic jam

2 그녀가 생활비를 어떻게 버는지 아세요?

↻ 당신은 아세요 + 어떻게 그녀가 버는지 + 그녀의 생활비를

- earn one's living

3 저는 그들이 어떻게 이 인상적인 건축물을 지었는지 알고 싶습니다.

↻ 저는 알고 싶습니다 + 어떻게 그들이 지었는지 + 이 인상적인 건축물을

- this impressive structure

build의 과거형은 built

4 나는 그녀가 어떻게 그렇게 독특하게 머리를 스타일링하는지 알아내려고 해요.

↻ 나는 알아내려고 해요 + 어떻게 그녀가 스타일링 하는지 + 그녀의 머리를 + 그렇게 독특하게

- try to figure out
- so uniquely

현재진행 시제로

5 나는 그가 왜 시골로 이사 갔는지 몰라요.

↻ 나는 몰라요 + 왜 그가 이사를 갔는지 + 시골로

- to the countryside

의문사 why가 명사절을 이끌 때는 why S + V 어순으로

6 당신은 그녀가 왜 퇴사했는지 아세요?

↻ 당신은 아세요 + 왜 그녀가 그만뒀는지 + 그녀의 직장을

- Do you have any idea
- quit

7 왜 내 휴대폰이 충전이 안 되고 있는지 모르겠어요.

　⟳　나는 모르겠어요 + 왜 내 휴대폰이 충전이 안 되고 있는지

- have no idea
- be charged

why가 이끄는 명사절을 수동태 현재진행 시제 (be동사 being p.p.)로

---

8 그들은 그 프로젝트가 왜 성공적이지 못했는지 여전히 논쟁 중입니다.

　⟳　그들은 여전히 논쟁 중입니다 + 왜 그 프로젝트가 성공적이지 못했는지

- debate
- successful

현재진행 시제로, still의 위치는 be동사 뒤

---

9 그녀는 내가 오늘 왜 그렇게 피곤해 보이는지 물었어요.

　⟳　그녀가 물었어요 + 나에게 + 왜 내가 보였는지 + 그렇게 피곤한 상태로 + 오늘

- look so tired

---

10 그는 왜 자기 계획이 잘 풀리지 않았는지에 대해 생각하고 있어요.

　⟳　그는 ~에 대해 생각하고 있어요 + 왜 그의 계획이 통하지 않았는지

- think about
- work out

---

11 그들이 왜 갑자기 서로 말하는 걸 멈췄는지가 여전히 미스터리입니다.

　⟳　여전히 미스터리입니다 + 왜 그들이 갑자기 멈췄는지 + 말하는 것을 + 서로에게

- suddenly
- talking to each other

why가 이끄는 명사절이 전체 문장의 주어인데 너무 길어서 맨 뒤로 위치

---

12 그는 자신의 지원서가 왜 거절됐는지 알아내고 싶어 해요.

　⟳　그는 알아내고 싶어 해요 + 왜 그의 지원서가 거절됐는지

- find out
- his application was rejected

CHAPTER 4

문장 수식하고 늘이기

UNIT 1
시간 접속사 1

내가 역에 도착하면 당신에게 전화할게요.

영어에서 문장과 문장을 연결할 때, 한 문장이 다른 문장을 수식하는 경우가 있습니다. 이때 수식하는 문장을 문법 용어로 부사절이라고 해요. 위의 문장에서 부사절은 '역에 도착하면'이고 영어에서 부사절은 '접속사 + 주어 + 동사' 구조로 이루어집니다. 이런 부사절은 전체 문장의 앞뒤 모두에 올 수 있으며, 부사절을 먼저 쓸 경우 두 문장 사이에 콤마(,)를 꼭 써 줍니다. 주절과 부사절의 논리 관계에 맞게 알맞은 접속사로 연결하면 더 긴 문장을 영작할 수 있습니다.

| 내가 전화할게요 | + 당신에게 + 내가 도착하면 + 그 역에 |

STEP 1 전체 문장 완성하기

다음 문장을 힌트 단어를 보면서 완성해 보세요. **MP3 046**

1 내가 전화할게요.

● I'll
미래에 할 일을 말할 때 will을 사용

2 내가 전화할게요 / 당신에게

● you
call은 전치사 없이 대상어가 바로 오는 동사여서 to you로 쓰지 않게 주의

3 내가 전화할게요 / 당신에게 / 내가 도착하면 / 그 역에

● arrive at
어떤 일이 일어나는 특정한 시점을 나타낼 때, when S + V는 '~하는 때, ~하면(그때)'

> **Ans.** I'll call you when I arrive at the station

Writing Tips if I arrive at the station **vs.** when I arrive at the station

위의 문장을 말할 때 왜 if I arrive at the station을 못 쓸까요? 위의 문장을 말할 때의 뜻은 '내가 역에 도착한다'는 것을 상대방도 아는 상황이고 그때가 되면 전화하겠다는 것입니다. 그러므로 when I arrive는 '내가 도착하면, 내가 도착하는 그때가 되면'의 의미이죠. 이 상황에서 if I arrive라고 쓰면, '내가 도착할지 안 할지 모르겠지만 만약에 도착하면'이라는 조건적 의미가 되므로 적절한 표현이 아닙니다. 다음 문장의 의미 차이를 확인해 보세요.

Call me when you get home.
집에 도착하면 전화해 (집에 도착하면 그때 전화해).

Call me if you need my help.
내 도움이 필요하면 전화해 (도움이 필요할지 안 할지 모르겠지만 만약 그렇다면 전화해).

유제 1	해가 지면 우리는 모닥불을 피울 겁니다. 해가 지면, + 우리는 피울 겁니다 + 그 모닥불을	

1	해가 지면	• **When the sun sets** '해가 진다면'의 조건이 아니라 시간이 돼서 '해가 지면 그때에'라는 뜻이므로 if가 아니라 when
2	해가 지면, / 우리는 피울 겁니다	• **will light**
3	해가 지면, / 우리는 피울 겁니다 / 그 모닥불을	• **the bonfire**

유제 2	전화벨이 울렸을 때 그녀는 저녁 식사를 요리하고 있었어요. 그녀는 요리하고 있었어요 + 저녁 식사를 + 그 전화벨이 울렸을 때	

1	그녀는 요리하고 있었어요	• **cook** 과거진행 시제로
2	그녀는 요리하고 있었어요 / 저녁 식사를	• **dinner**
3	그녀는 요리하고 있었어요 / 저녁 식사를 / 그 전화벨이 울렸을 때	• **the phone rang** 언제인지 구체적인 시점을 알려 주는 접속사 when

유제 응용	내일 만나면 이것에 대해서 더 논의합시다. 논의합시다 + 이것을 + 더 + 우리가 만나면 + 내일	• **further** 내일 만나면 그때니까 when S + V

1 그녀는 재미있는 메시지를 읽으면서 웃었어요.

↻ 그녀는 웃었어요 + 그녀가 읽으면서 + 그 재미있는 메시지를

• **as she read**

시간 접속사 when과 as는 비슷하지만, 두 가지 일이 동시에 일어남을 강조할 때는 as

2 나는 해가 질 때 발코니에 앉아 있는 것을 아주 좋아합니다.

↻ 나는 아주 좋아합니다 + 발코니에 앉아 있는 것을 + 해가 질 때

• **sitting on the balcony**

– 아주 좋아하는 것은 love
– 접속사 as로 연결

3 버스를 기다리면서, 우리는 주말 계획에 대해 이야기를 나눴습니다.

↻ 우리가 기다리면서 + 그 버스를, + 우리는 이야기를 나눴습니다 + 우리의 주말 계획들에 대해

• **wait for the bus**
• **chat**

접속사 as로 연결

4 콘서트가 끝나자 모두가 기립박수를 보냈습니다.

↻ 그 콘서트가 끝나자, + 모두가 주었습니다 + 기립 박수를

• **give a standing ovation**

접속사 as로 연결

5 나는 일을 시작하기 전에 항상 커피 한 잔을 마십니다.

↻ 나는 항상 마십니다 + 커피 한 잔을 + 내가 시작하기 전에 + 내 일을

• **have a cup of coffee**

– '~하기 전에'는 before S + V
– have는 '가지다' 외에 '먹다', '마시다'의 의미도 표현

6 야외 행사를 계획하기 전에 항상 날씨를 확인해야 해요.

↻ 당신은 항상 확인해야 해요 + 그 날씨를 + 당신이 계획하기 전에 + 야외 행사를

• **an outdoor event**

조언, 충고의 뉘앙스는 조동사 should

7 회의를 시작하기 전에 안건을 검토합시다.

⟳ 우리가 시작하기 전에 + 그 회의를, + 검토합시다 + 그 안건을

- review the agenda

부사절이 먼저 오면 부사절 뒤에 콤마(,) 찍기

---

8 집을 나가기 전에 문을 꼭 잠그세요.

⟳ 당신이 떠나기 전에 + 그 집을, + 꼭 ～하세요 + 그 문을 잠그는 것을

- leave
- lock the door

'확실하게 ～하다, 꼭 ～하다' 는 make sure to + V

---

9 우리는 시험이 끝난 후에 여행을 갈 겁니다.

⟳ 우리는 여행을 갈 겁니다 + 그 시험들이 끝난 후에

- go on a trip
- the exams are over

'～한 후에'는 after

---

10 짧은 낮잠을 잔 후에는 항상 기분이 상쾌합니다.

⟳ 나는 항상 느낍니다 + 기분이 상쾌한 상태로 + 내가 취한 후에 + 짧은 낮잠을

- feel refreshed
- take a short nap

---

11 대학을 졸업한 후에, 그는 1년 동안 유럽을 여행했어요.

⟳ 그는 졸업한 후에 + 대학을, + 그는 여행했어요 + 유럽을 + 1년 동안

- graduate from college
- travel around

'～을 졸업하다'는 graduate from으로 from을 반드시 표시

---

12 파리를 방문한 후 그녀는 예술과 사랑에 빠졌어요.

⟳ 그녀가 방문한 후 + 파리를, 그녀는 빠졌어요 + 사랑에 + 예술과

- fall in love with

과거 시제로

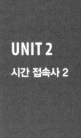

UNIT 2
시간 접속사 2

이 프로젝트를 담당하는 동안에는 그가 모든 것에 **책임이 있어요.**

문장을 꾸며 주는 부사절은 의미에 맞는 접속사를 넣어서 주어 + 동사의 문장을 붙이면 완성됩니다. 이 문장에서 부사절은 '(그가) 이 프로젝트를 담당하는 동안'입니다. '~하는 동안, ~하면서'는 접속사 while로 연결하지요.

두 문장의 의미 관계에 맞게 시간 접속사 while(~하는 동안, ~하면서), as soon as(~하자마자), whenever(~할 때마다), until(~ 때까지) 등을 넣어 다양한 문장을 영작해 보세요.

그는 책임이 있어요	+ 모든 것에 + 그가 담당하는 동안은
	+ 이 프로젝트를

STEP 1 전체 문장 완성하기

다음 문장을 힌트 단어를 보면서 완성해 보세요. **MP3 047**

1 그는 책임이 있어요

• responsible

---

2 그는 책임이 있어요 / 모든 것에

• everything

'~에 책임이 있다'는
be responsible for ~

---

3 그는 책임이 있어요 / 모든 것에 / 그가 담당하는 동안은

• in charge of

'~을 담당하다'는
be in charge of ~

---

4 그는 책임이 있어요 / 모든 것에 / 그가 담당하는 동안은 / 이 프로젝트를

• this project

> **Ans.** He is responsible for everything while he is in charge of this project.

유제 1	부모님이 실내에서 이야기하는 동안 아이들은 밖에서 놀았어요.
	그 아이들은 놀았어요 + 밖에서 + 그들의 부모님이 이야기하는 동안 + 실내에서

1 그 아이들은 놀았어요 / 밖에서

- The children
- outside

2 그 아이들은 놀았어요 / 밖에서 / 그들의 부모님이 이야기하는 동안

- talk
과거진행 시제로

3 그 아이들은 놀았어요 / 밖에서 / 그들의 부모님이 이야기하는 동안 / 실내에서

- indoors

유제 2	주방에서 요리하는 도중에 손가락에 화상을 입었어요.
	내가 요리하는 도중에 + 주방에서, + 나는 데었어요 + 내 손가락을

1 내가 요리하는 도중에 / 주방에서

- in the kitchen
while S + V 부사절은 과거
진행 시제로

2 내가 요리하는 도중에 / 주방에서, / 나는 데었어요

- burn
과거 시제로

3 내가 요리하는 도중에 / 주방에서, / 나는 데었어요 / 내 손가락을

- my finger

유제 응용	나는 모닝커피를 마시면서 이메일 확인하는 게 더 좋아요.
	나는 더 좋아해요 + 내 이메일들을 확인하는 것을 + 내가 마시면서 + 내 모닝커피를

- prefer to check
while 부사절은 현재진행
시제로

1 그는 사무실에 돌아오자마자 파일들을 보낼 겁니다.

↻ 그는 보낼 겁니다 + 그 파일들을 + 그가 돌아오자마자 + 그 사무실 안에

• as soon as he's back

'~하자마자'는
as soon as S + V

---

2 그녀는 회의를 끝내자마자 점심 식사에 우리와 함께할 것입니다.

↻ 그녀는 함께할 것입니다 + 우리와 + 점심 식사를 위해 + 그녀가 끝내자마자 + 그녀의 회의를

• join us

시간의 부사절에서는 현재
시제가 미래를 대신

---

3 비가 그치자마자 무지개가 나타났어요.

↻ 그 비가 그치자마자, + 무지개가 나타났어요

• stop
• a rainbow appear

과거 시제로

---

4 그것에 대해 듣자마자 나는 그게 아주 좋은 기회라는 것을 알았어요.

↻ 나는 알았어요 + 그것이 아주 좋은 기회라는 것을 + 내가 듣자마자 + 그것에 대해

• a great opportunity

---

5 큰 프로젝트가 있을 때마다 우리는 팀 회의를 합니다.

↻ 우리는 갖습니다 + 팀 회의를 + 큰 프로젝트가 있을 때마다

• there's a big project

'~할 때마다'는
whenever S + V

---

6 그녀는 새로운 도시를 방문할 때마다 책을 삽니다.

↻ 그녀는 삽니다 + 책을 한 권 + 그녀가 방문할 때마다 + 새로운 도시를

• buy a book

---

7 날씨가 좋을 때마다, 그들은 길게 산책하러 갑니다.

    O 그 날씨가 좋을 때마다, + 그들은 갑니다 + 긴 산책을 위해

• go for a long walk

---

8 그 노래를 들을 때마다 나는 우리의 대학 시절을 생각합니다.

    O 내가 들을 때마다 + 그 노래를, + 나는 생각합니다 + 우리의 대학 시절을

• our college days
'~을 생각하다'는
think of ~

---

9 충전이 될 때까지 내 휴대폰을 사용할 수가 없어요.

    O 나는 사용할 수 없어요 + 내 휴대폰을 + 그것이 충전될 때까지

• until it's charged
'~(때)까지'는 until S + V

---

10 나는 해가 지기 시작할 때까지 늦었다는 것을 깨닫지 못했어요.

    O 나는 깨닫지 못했어요 + 늦었다는 것을 + 해가 시작할 때까지 + 지는 것을

• realize
• began to set

---

11 우리는 마지막 버스가 도착할 때까지 버스 정류장에서 기다렸어요.

    O 우리는 기다렸어요 + 그 버스 정류장에서 + 그 마지막 버스가 도착할 때까지

• at the bus stop

---

12 그 문서를 잃어버릴 때까지 그는 그 문서의 중요성을 몰랐어요.

    O 그는 몰랐어요 + 그 문서의 중요성을 + 그가 잃어버릴 때까지 + 그것을

• the importance of
  the document
영어는 한 번 언급된 것을
다시 언급할 때는 대명사로
처리

UNIT 3
조건 접속사

내일 비가 오면 우리는 소풍을 취소할 겁니다.

한 문장이 부사절로 다른 문장을 꾸며 줄 때, '조건'의 의미를 가질 때가 있습니다. 위의 문장에서 조건절은 '내일 비가 오면'입니다. 부사절은 '접속사 + 주어 + 동사'의 구조를 가지므로 '조건의 접속사 if 주어 + 동사'로 문장을 연결하면 됩니다. 특이하게도 시간의 부사절처럼 조건의 부사절 역시 미래 시제를 써야 할 때 현재 시제를 씁니다. 영작할 때 동사의 시제에 주의해서 문장을 완성하세요.

 비가 오면 + 내일, | 우리는 취소할 겁니다 | + 그 소풍을

STEP 1 전체 문장 완성하기

다음 문장을 힌트 단어를 보면서 완성해 보세요. **MP3 048**

1 비가 오면

• rain
 – 부사절이 주절 앞에 올 수 있음
 – 비가 올 거라는 미래의 조건이지만 현재 시제로 표현

---

2 비가 오면 / 내일

• tomorrow

---

3 비가 오면 / 내일, / 우리는 취소할 겁니다

• cancel

---

4 비가 오면 / 내일, / 우리는 취소할 겁니다 / 그 소풍을

• the picnic

Ans. If it rains tomorrow, we'll cancel the picnic.

<table>
<tr><td>유제
1</td><td colspan="2">그 드레스가 세일 중이면 살 거예요.
나는 살 거예요 + 그 드레스를 + 그것이 세일 중이면</td></tr>
</table>

1 나는 살 겁니다
                                            • buy

---

2 나는 살 겁니다 / 그 드레스를
                                            • that dress

---

3 나는 살 겁니다 / 그 드레스를 / 그것이 세일 중이면
           • it's on sale

if S + V 어순으로. 조건의 부사절에서는 현재 시제가 미래를 대신

<table>
<tr><td>유제
2</td><td colspan="2">워크숍에 참석하면 그 개념을 더 잘 이해할 겁니다.
당신은 이해할 겁니다 + 그 개념을 + 더 잘 + 당신이 참석한다면 + 그 워크숍에</td></tr>
</table>

1 당신은 이해할 겁니다
                                            • understand

---

2 당신은 이해할 겁니다 / 그 개념을 / 더 잘
                                            • the concept
                                            • better

---

3 당신은 이해할 겁니다 / 그 개념을 / 더 잘 / 당신이 참석하면
           • attend

부사절 if S + V는 현재 시제로

---

4 당신은 이해할 겁니다 / 그 개념을 / 더 잘 / 당신이 참석하면 / 그 워크숍에
           • the workshop

attend는 목적어가 동사 뒤에 바로 위치

<table>
<tr><td>유제
응용</td><td>규칙적으로 운동하면 건강에서 큰 차이를 볼 겁니다.
당신은 볼 겁니다 + 큰 차이를 + 당신의 건강에서 + 당신이 운동한다면 + 규칙적으로</td><td>• a big difference
• exercise regularly</td></tr>
</table>

1 질문 있으면 망설이지 말고 물어보세요.

  ○ 당신이 가지고 있다면 + 어떤 질문들을, + 망설이지 마세요 + 물어보기를

- any questions
- hesitate

'don't hesitate + to V'는 상대방을 편하게 해 주는 표현으로 회화에서 많이 쓰임

2 그가 전화하면 제가 회의 중이라고 알려 주세요.

  ○ 그가 전화하면, + 그가 알게 하세요 + 제가 있다고 + 회의에

- let him know
- in a meeting

be in a meeting은 '회의 중이다'

3 내 책상 위에 있는 파란색 폴더가 보이면 나에게 건네주세요.

  ○ 당신이 본다면 + 파란색 폴더를 + 내 책상 위에 있는, + 건네주세요 + 그것을 + 나에게

- please hand

4 지금 등록하시면 20% 할인을 받을 수 있어요.

  ○ 당신이 등록하면 + 지금, + 당신은 받을 수 있어요 + 20% 할인을

- sign up
- a 20% discount

5 샘플이 마음에 드시면, 저희가 대량 생산을 시작할 수 있습니다.

  ○ 당신이 마음에 들어하면 + 그 샘플을, + 우리는 시작할 수 있습니다 + 대량 생산을

- like
- mass production

6 그녀에게 기회를 준다면 그녀는 자신의 가치를 증명할 겁니다.

  ○ 당신이 준다면 + 그녀에게 + 기회를, + 그녀는 증명할 겁니다 + 그녀의 가치를

- prove her worth

조건의 부사절에서는 현재 시제가 미래를 대신

7 당신이 그녀의 결혼식에 참석하지 않으면 그녀는 화가 날 겁니다.

🔄 그녀는 ~일 겁니다 + 화난 상태인 + 당신이 참석하지 않으면 + 그녀의 결혼식에

- be upset
- her wedding

---

8 그들이 사과하지 않으면, 나는 그들에게 다시는 말하지 않을 겁니다.

🔄 그들이 사과하지 않으면, + 나는 말하지 않을 것입니다 + 그들에게 + 다시는

- unless they apologize
- speak

'~하지 않으면'은 if ~ not 으로 쓸 수 있지만, 접속사 unless도 가능

---

9 음악 소리를 줄이지 않으면 내가 집주인에게 전화할 겁니다.

🔄 당신이 줄이지 않으면 + 그 음악 소리를, + 내가 전화할 겁니다 + 그 집주인에게

- turn down
- the landlord

– Unless S + V, S + V
– 이 자체가 부정문이므로 따로 부정어를 쓰지 않도록 주의

---

10 그 팀이 협력하지 않으면 우리는 목표들을 달성하지 못할 겁니다.

🔄 그 팀이 협력하지 않으면, + 우리는 달성하지 못할 것입니다 + 우리의 목표들을

- cooperate
- achieve our goals

---

11 좋은 영화가 상영 중인 게 아니라면 나는 집에 있는 것이 더 좋아요.

🔄 좋은 영화가 없다면 + (상영 중인) + 나는 더 좋아요 + 집에 있는 것이

- there's a good movie playing

'밖에 나가지 않다, 집에 있다'는 stay in

---

12 그들이 보증서를 제공하지 않으면 그는 그 차를 사지 않을 겁니다.

🔄 그는 사지 않을 겁니다 + 그 차를 + 그들이 제공하지 않는다면 + 보증서를

- offer a warranty

'~하지 않으면'은 unless S + V

UNIT 4
이유 접속사

더 긴 보증 기간을 제공하기 때문에 나는 이 브랜드를 선호합니다.

영어 문장은 접속사를 통해 두 문장이 하나로 연결될 수 있습니다. 이때 두 문장이 원인과 결과의 관계일 때 접속사 because로 연결하는데, 'because 주어 + 동사'가 원인, 이유를 나타냅니다. 위의 문장에서 부사절은 '더 긴 보증기간을 제공하기 때문에'입니다. 이유를 나타내는 접속사에는 because 외에 since, as, seeing that이 있습니다. because는 이유를 밝히고자 할 때 쓰이고, since, as, seeing that은 이미 알고 있는 이유를 덧붙일 때 쓰입니다. 접속사는 문장과 문장의 연결사로 접속사 뒤에 반드시 주어 + 동사가 오도록 영작하세요.

나는 선호합니다	+ 이 브랜드를 + 그것이 제공하기 때문에 + 더 긴 보증 기간을

STEP 1
전체 문장 완성하기

다음 문장을 힌트 단어를 보면서 완성해 보세요. MP3 **049**

1 나는 선호합니다

• prefer

---

2 나는 선호합니다 / 이 브랜드를

• this brand

---

3 나는 선호합니다 / 이 브랜드를 / 그것이 제공하기 때문에

• offer
이유를 나타내는 부사절
because S + V

---

4 나는 선호합니다 / 이 브랜드를 / 그것이 제공하기 때문에 / 더 긴 보증 기간을

• a longer warranty

Ans. I prefer this brand because it offers a longer warranty.

새 노트북을 사고 싶어서 돈을 저축하고 있어요.

나는 저축하고 있어요 + 돈을 + 내가 원하기 때문에 + 새 노트북 사는 것을

1　나는 저축하고 있어요

- save

현재진행 시제로

2　나는 저축하고 있어요 / 돈을

- money

3　나는 저축하고 있어요 / 돈을 / 내가 원하기 때문에

- I want

이유를 나타내는 부사절
because S + V

4　나는 저축하고 있어요 / 돈을 / 내가 원하기 때문에 / 새 노트북 사는 것을

- a new laptop

그는 다른 약속이 있어서 일찍 떠났어요.

그는 떠났어요 + 일찍 + 그가 가지고 있었기 때문에 + 다른 약속을

1　그는 떠났어요 / 일찍

- leave

leave의 과거형은 left

2　그는 떠났어요 / 일찍 / 그가 가지고 있었기 때문에

- have

부사절도 과거 시제로

3　그는 떠났어요 / 일찍 / 그가 가지고 있었기 때문에 / 다른 약속을

- another
  appointment

(걷기는) 좋은 운동이라서 그는 매일 걸어서 출근합니다.

그는 걷습니다 + 직장까지 + 매일 + 그것(걷기)이 좋은 운동이기 때문에

- walk to work
- a good exercise

1 몸이 좋지 않아서 하루 쉬었어요.

    🗘 나는 취했어요 + 하루 휴가를 + 내가 느끼지 않았기 때문에 + 좋은 상태로

• **not feel well**

'하루 쉬다, 휴가를 내다'는
take the day off

---

2 그는 고양이 알레르기가 있어서 항상 우리 집을 피합니다.

    🗘 그는 알레르기가 있어서 + 고양이들에, + 그는 항상 피합니다 + 나의 집을

• **avoid my place**

'~에 알레르기가 있는'은
allergic to ~

---

3 콘서트가 연기되어서 우리는 계획을 바꿨어요.

    🗘 그 콘서트가 연기되어서, + 우리는 바꿨어요 + 우리의 계획들을

• **be postponed**

---

4 그들이 좋은 거래를 제안해서 저는 계약을 갱신하기로 했어요.

    🗘 그들이 제안했기 때문에 + 좋은 거래를, + 나는 결정했어요 +
내 계약을 갱신하기로

• **a good deal**
• **renew my contract**

접속사 since를 사용해서
이미 알려진 내용을 언급하
는 뉘앙스로

---

5 여기 날씨는 예측이 불가능해서 나는 항상 우산을 가지고 다닙니다.

    🗘 나는 항상 가지고 다닙니다 + 우산을 + 여기 날씨는 예측이 불가능하기 때문에

• **since**
• **unpredictable**

'가지고 다니다'는
carry

---

6 커피가 수면에 영향을 주고 있어서 커피 마시는 것을 끊었어요.

    🗘 나는 끊었어요 + 커피 마시는 것을 + 그것이 영향을 주고 있어서 + 내 수면에

• **stop**
• **affect my sleep**

이미 알고 있는 이유를 언급
할 때는 since S + V
(~ 때문에, ~이므로)

---

7 시간이 부족하므로, 빨리 진행합시다.

↻ 우리는 부족하므로 + 시간이, + 빨리 진행합시다.

- run out of time
- speed up

이미 알려진 내용을 참고로 덧붙여 표현할 때 접속사 as (~ 때문에, ~이므로)

---

8 CEO가 여행 중이라 회의가 연기되었습니다.

↻ CEO가 여행 중이었기에, + 그 회의가 연기되었습니다.

- was traveling

As S + V, S + V

---

9 모두에게 편리해서 우리는 평소 만나는 장소에서 만날 겁니다.

↻ 우리는 만날 겁니다 + 평소 만나는 장소에서 + 그것이 편리하기 때문에 + 모두에게

- at the usual place
- convenient for everyone

S + V as S + V

---

10 당신 생일이라서 우리가 당신을 위해 특별한 케이크를 만들었어요.

↻ 당신의 생일이니까, + 우리는 만들었어요 + 특별한 케이크를 + 당신을 위해

- Seeing that

이미 아는 이유를 덧붙여 표현할 때는 접속사 seeing that(~인 걸 보니, ~이니까)

---

11 그가 이미 그 책을 읽었기에, 나는 그에게 다른 책 하나를 줬어요.

↻ 그가 이미 읽었기에 + 그 책을, + 나는 주었어요 + 그에게 + 다른 책 하나를

- he's already read
- a different one

Seeing that S + V, S + V

---

12 비가 오려고 해서 나는 식물에 물을 주지 않았어요.

↻ 나는 물을 주지 않았어요 + 그 식물들에 + 비가 오려고 해서

- water
- it was going to

S + V seeing that S + V

UNIT 5
양보 접속사 1

사실을 알고 있었지만, 나는 아무것도 말하지 않았어요.

두 문장을 연결할 때 부사절은 주절과의 논리 관계에 맞게 접속사로 연결해 주면 됩니다. 수식하는 문장. 즉 부사절이 주절에 대조되는 내용일 때 '(비록) ~이긴 하지만'의 뜻을 가진 접속사 뒤에 주어 + 동사를 붙여 부사절을 완성하면 됩니다. 이런 의미의 접속사로 though가 있는데, 더 격식 있는 표현이나 문어체에는 although가 자주 쓰입니다. although, though의 의미를 강조할 때는 접속사 even though(~일지라도, 설사 ~할지라도)를 사용합니다.

 나는 알고 있었지만 + 그 사실을, + **나는 말하지 않았어요** + 아무것도

STEP 1 전체 문장 완성하기

다음 문장을 힌트 단어를 보면서 완성해 보세요. MP3 050

1 나는 알고 있었지만

• know

접속사 although 뒤에 주어 + 동사를 붙여 부사절로

---

2 나는 알고 있었지만 / 그 사실을

• the truth

---

3 나는 알고 있었지만 / 그 사실을 / 나는 말하지 않았어요

• say

---

4 나는 알고 있었지만 / 그 사실을 / 나는 말하지 않았어요 / 아무것도

• anything

Ans. Although I knew the truth, I didn't say anything.

1 나는 무서웠지만

• scared

2 나는 무서웠지만, / 나는 해 봤어요

• try
과거 시제로

3 나는 무서웠지만, / 나는 해 봤어요 / 스카이다이빙을 / 처음으로

• skydiving
• for the first time

유제 2	비가 오기는 했지만, 그들은 달리기하러 가기로 했습니다.
	비가 오고 있기는 했지만, + 그들은 결심했습니다 + 달리기하러 가기로

1 비가 오고 있기는 했지만,

• rain
과거진행 시제로

2 비가 오고 있기는 했지만, / 그들은 결심했습니다

• decide

3 비가 오고 있기는 했지만, / 그들은 결심했습니다 / 달리기하러 가기로

• go for a run
'~하기로 결정/결심하다'는
decide to + V

유제 응용	그들은 경기에 졌지만, 그 팀은 그들의 노력을 기렸어요.	• lose the match
	그들은 졌지만 + 그 경기에, + 그 팀은 기렸어요 + 그들의 노력을	• celebrate their effort
		과거 시제로

1 그곳은 인기 있는 관광지이지만, 나는 그곳이 지루했어요.
- 그곳은 인기 있는 관광지이지만, + 나는 생각했어요 + 그곳이 지루하다고

- a tourist spot
- boring
- '~가 …라고 느끼다, 생각하다'는 find ~ 형용사
- '인기 있는'은 popular

2 그는 매일 운전을 하지만, 그것을 좋아하지는 않습니다.
- 그는 운전하지만 + 매일, + 그는 좋아하지 않습니다 + 그것을

접속사 although로 문장 연결

3 오늘 아침에 일찍 일어났는데도, 직장에 지각했어요.
- 나는 일어났지만 + 일찍 + 오늘 아침, + 나는 지각했어요 + 직장에

- be late for work
과거 시제로

4 그들은 가까이에 살지만, 좀처럼 만나지 않아요.
- 그들은 살지만 + 가까이에, + 그들은 좀처럼 만나지 않아요.

- nearby
- seldom

5 밖이 춥지만, 전 재킷을 안 입고 있어요.
- 춥지만 + 바깥이, + 저는 입고 있지 않습니다 + 재킷을

- cold outside
접속사 though로 문장 연결

6 한겨울이지만, 그녀의 정원에는 꽃들이 피고 있어요.
- 한겨울이지만, + 꽃들이 피고 있어요 + 그녀의 정원에는

- the middle of winter
- bloom
- 접속사 though로 문장 연결
- 주절은 현재진행 시제로

7 그는 꽤 어리지만 나이에 비해 유난히 현명합니다.

    🔄 그는 꽤 어리지만, + 그는 유난히 현명합니다 + 그의 나이에 비해

- quite young
- exceptionally wise
– 접속사 though로 문장 연결
– '~의 나이에 비해'는 for one's age

---

8 그는 그 이야기의 결말을 알면서도 책을 읽고 있어요.

    🔄 그는 읽고 있어요 + 그 책을 + 그가 알면서도 + 그 이야기의 결말을

- the story's ending
접속사 though로 연결한 문장을 뒤에 위치

---

9 나는 채식주의자이지만, 손님들을 위해 고기를 요리했어요.

    🔄 나는 채식주의자이지만, + 나는 요리했어요 + 고기를 + 내 손님들을 위해

- a vegetarian
even though로 의미와 뉘앙스 강조

---

10 독감에 걸렸지만, 나는 프로젝트를 제시간에 끝냈어요.

    🔄 내가 가졌지만 + 그 독감을 + 나는 끝냈어요 + 그 프로젝트를 + 제시간에

- have the flu
- on time
접속사 even though로 문장 연결

---

11 가끔씩 다투기는 하지만, 그들은 가장 친한 친구입니다.

    🔄 그들이 다투기는 하지만 + 가끔씩, + 그들은 가장 친한 친구입니다.

- argue sometimes
접속사 even though로 문장 연결

---

12 그녀는 그 농담을 이해하지 못했는데도 웃었어요.

    🔄 그녀는 웃었어요 + 그 농담에 + 그녀가 이해하지 못했는데도 + 그것을

- at the joke
접속사 even though로 연결한 문장을 뒤에 위치

누가 전화하든 회의 중이라고 전해 주세요.

'누가 오든, 무엇을 하든, 어디에 가든, 언제 오든' 이런 말을 영작하려면 'no matter + 의문사'가 필요합니다. no matter 자체가 '상관없다, 괜찮다'의 의미이므로 수식을 받는 주절도 이에 어울리는 내용으로 연결되지요. no matter who(누가 ~하든), no matter what(무엇을 ~하든), no matter when(언제 ~하든), no matter where(어디서 ~하든), no matter how(어떻게 ~하든), no matter which(어느 것을 ~하든)처럼 no matter + who/what/when/where/how/which로 부사절을 만들어 다양한 문장으로 확장할 수 있습니다.

누가 전화하든, + **말해 주세요** + 그들에게 + 내가 있다고 + 회의에

STEP 1 전체 문장 완성하기

다음 문장을 힌트 단어를 보면서 완성해 보세요. **MP3 051**

1 누가 전화하든

• **No matter who calls**

who가 주어일 때 뒤에 바로 동사가 오는데, 이때 who는 3인칭 단수로 취급

2 누가 전화하든, / 말해 주세요

• **please tell**

3 누가 전화하든, / 말해 주세요 / 그들에게

• **them**

4 누가 전화하든, / 말해 주세요 / 그들에게 / 내가 있다고 + 회의에

• **in a meeting**

Ans. No matter who calls, please tell them I'm in a meeting.

유제 1	누가 우리 팀에 합류하든 우리는 그들을 가족처럼 대합니다.
	누가 합류하든 + 우리 팀에, + 우리는 대합니다 + 그들을 + 가족처럼

1 누가 합류하든

- join

who가 주어일 때 3인칭 단수 취급

2 누가 합류하든 / 우리 팀에

- our team

join은 전치사 없이 뒤에 대상어가 바로 오는 동사

3 누가 합류하든 / 우리 팀에, / 우리는 대합니다 / 그들을

- treat

4 누가 합류하든 / 우리 팀에, / 우리는 대합니다 / 그들을 / 가족처럼

- like a family

유제 2	당신이 누구든 간에 모든 사람은 규칙을 따라야 합니다.
	당신이 누구든 간에 + 모든 사람은 따라야 합니다 + 그 규칙들을

1 당신이 누구든 간에

- No matter who you are

who가 주어가 아닐 때는, who 주어 + 동사

2 당신이 누구든 간에 / 모든 사람은 따라야 합니다

- must follow

3 당신이 누구든 간에 / 모든 사람은 따라야 합니다 / 그 규칙들을

- the rules

유제 응용	당신이 누구에게 물어봐도 대답은 똑같을 것입니다.
	누구에게 당신이 물어봐도 + 그 대답은 똑같을 것입니다.

- ask
- the same

---

1 누가 그것을 말했든, 그 정보를 확인하는 것이 중요합니다.

    누가 말했든 + 그것을, + 중요합니다 + 확인하는 것이 + 그 정보를

- say
- verify

'누가 ~하든'은
no matter who + V

---

2 무슨 일이 생겨도 가족이 우선입니다.

    무슨 일이 생겨도, + 가족이 옵니다 + 처음에

- happen
- first

의문사 what이 주어일 때
no matter what + V이며,
what은 3인칭 단수 취급

---

3 몇 시에 잠이 들든 난 항상 아침 6시에 잠이 깹니다.

    몇 시에 내가 잠이 들든, + 나는 항상 잠이 깹니다 + 오전 6시에

- what time
- go to sleep

---

4 무엇을 결정하든 나는 당신을 지지할 거예요.

    무엇을 당신이 결정하든, + 나는 지지할 거예요 + 당신을

- no matter what
- support

'무엇을 ~하든'은
no matter what S + V

---

5 내가 무엇을 해도 이 컴퓨터가 계속 다운됩니다.

    무엇을 내가 해도, + 이 컴퓨터가 계속 얼어 버립니다.

- keep freezing
- '컴퓨터가 다운되다'는
  freeze
- keep Ving는
  '계속 ~하다'

---

6 그들이 무슨 말을 하든 나는 당신의 판단을 신뢰합니다.

    무엇을 그들이 말하든, + 나는 신뢰합니다 + 당신의 판단을

- no matter what
- judgment

---

7 당신이 언제 오든 여기서는 항상 환영합니다.

🔁 언제 당신이 오든, + 당신은 언제나 환영입니다 + 여기에서

- no matter when
- welcome

'언제 ~하든', '~할 때는 언제든지'는
no matter when S + V

---

8 언제 작업을 시작하든, 그녀는 마감 기한까지 그걸 끝냅니다.

🔁 언제 그녀가 시작하든 + 그녀의 작업을, + 그녀는 끝냅니다 + 그것을 +
그 마감 기한까지

- finish
- by the deadline

---

9 언제든 당신이 필요할 때 그냥 저에게 전화 주세요.

🔁 언제든 당신이 필요로 할 때 + 나를, + 그냥 주세요 + 저에게 + 전화 한 통을

- give me a call

---

10 그는 어디를 가든 항상 친구를 사귀어요.

🔁 어디에 그가 가든, + 그는 항상 만듭니다 + 친구들을

- make friends

'어디서 ~하든'은
no matter where S + V

---

11 어디로 이사 가든, 우리는 항상 연락할 것입니다.

🔁 어디로 우리가 이사를 가든, + 우리는 항상 있을 것입니다 + 연락을 하는 상태로

- stay in touch

always 위치는
조동사 뒤, 일반동사 앞

---

12 내가 아무리 몇 번을 설명을 해도 그녀는 이해하지 못하는 것 같습니다.

🔁 아무리 몇 번을 내가 설명해도, + 그녀는 보이지 않습니다 +
그것을 이해하는 것처럼

- how many times
- seem to get it

의문사 how는
'how + 형용사/부사,
how + 형용사 + 명사'로
연결되고 S + V의 구조

STEP 2 응용하여 쓰기

13 당신이 아무리 잘 계획을 해도, 항상 예상치 못한 변화가 있을 수 있습니다.

↻ 아무리 잘 당신이 계획을 해도, + 항상 있을 수 있습니다 + 예상치 못한 변화들이

- how well
- unexpected changes

'〜이 있을 수 있다'는
there can be 〜

---

14 아무리 바빠도 난 항상 가족을 위해 시간을 냅니다.

↻ 아무리 바빠도 내가, + 나는 항상 만듭니다 + 시간을 + 가족을 위해

- make time

---

15 아무리 많이 다퉈도 우리는 하루가 끝날 때까지는 항상 화해합니다.

↻ 아무리 많이 우리가 다퉈도, + 우리는 항상 화해합니다 + 하루가 끝날 때까지는

- how much
- make up

'하루가 끝날 때쯤'은
by the end of the day

---

16 우리가 어떤 경로를 택하든, 그건 장거리 운전이 될 겁니다.

↻ 어떤 경로를 우리가 택하든, + 그것은 될 것입니다 + 장거리 운전이

- which route
- a long drive

의문사 which 뒤에
명사가 온 경우,
no matter which + 명사 +
S + V

---

17 어떤 옷을 선택하든 그녀는 늘 멋져 보입니다

↻ 어떤 옷을 그녀가 선택하든, + 그녀는 항상 보입니다 + 멋진 상태로

- which outfit
- look fantastic

---

18 주식 시장이 어느 방향으로 가든 그는 차분함을 유지합니다.

↻ 어느 방향으로 그 주식 시장이 가든, + 그는 있습니다 + 차분한 상태로

- which way
- stock market

'차분함, 평정을 유지하다'는
remain calm

WRITING TIPS

'no matter + 의문사'와 같은 뜻으로 '의문사ever'를 쓸 수 있어요!

no matter who = whoever	no matter what = whatever
no matter when = whenever	no matter where = wherever
no matter how = however	no matter which = whichever

1. **No matter who** you are, you can't say it like that.
   = **Whoever** you are, you can't say it like that.
   당신이 누구든 간에, 그렇게 말하면 안 됩니다.

2. **No matter which** you take, I'm fine with it.
   = **Whichever** you take, I'm fine with it.
   당신이 어느 것을 가져가든, 저는 괜찮아요.

3. **No matter what** happens, I won't change my mind.
   = **Whatever** happens, I won't change my mind.
   무슨 일이 일어나도, 내 마음을 바꾸지 않을 겁니다.

4. **No matter when** it is, I'll be awake.
   = **Whenever** it is, I'll be awake.
   언제든 간에, 나는 깨어 있을 것입니다.

5. **No matter where** you go, I'll be with you.
   = **Wherever** you go, I'll be with you.
   당신이 어디를 가든, 나는 당신과 함께할 겁니다.

6. **No matter how** much it costs, I want to get it.
   = **However** much it costs, I want to get it.
   비용이 아무리 많이 들어도, 나는 그것을 사고 싶어요.

전 세계를 여행하며, 그들은 셀 수 없이 많은 추억을 모았어요.

문장을 수식하는 부사절은 '접속사 + 주어 + 동사'로 구성되는데, 이때 접속사를 생략하고 주절의 주어와 동일한 주어도 생략하고 부사절의 동사를 현재분사(Ving)로 바꾼 형태가 분사구문입니다. 분사구문은 구어체보다 문어체에서 많이 사용하며, 문장을 간결하고 생동감 있게 해 주죠. 위의 문장에서 분사구문은 '전 세계를 여행하며'입니다. 부사절 while they were traveling around the world가 분사구문이 될 수 있는 겁니다. 분사구문은 주절과의 관계와 문맥에 따라 '때(~할 때), 동시 동작(~하면서), 연속상황(그리고 ~했다), 이유(~이기 때문에)' 등의 의미를 나타낼 수 있습니다.

여행하며 + 전 세계를, + 　**그들은 모았어요**　 + 셀 수 없이 많은 추억들을

STEP 1 전체 문장 완성하기

다음 문장을 힌트 단어를 보면서 완성해 보세요. **MP3 052**

1　여행하며 + 전 세계를

- travel around the world

Ving ~ 형태의 분사구문으로 수식

2　여행하며 + 전 세계를, / 그들은 모았어요

- gather

과거 시제로

3　여행하며 + 전 세계를, / 그들은 모았어요 / 셀 수 없이 많은 추억들을

- countless memories

Ans. Traveling around the world, they gathered countless memories.

유제 1	식료품 쇼핑을 하다가 오랜 친구 하나를 우연히 만났어요.
	쇼핑을 하다가 + 식료품을 위해, + 나는 우연히 만났어요 + 오랜 친구 하나를

1 쇼핑을 하다가 + 식료품을 위해

- shop for groceries

Ving ~ 형태의 분사구문으로

---

2 쇼핑을 하다가 + 식료품을 위해, / 나는 우연히 만났어요

- bump into

과거 시제로

---

3 쇼핑을 하다가 + 식료품을 위해, / 나는 우연히 만났어요 / 오랜 친구 하나를

- an old friend

유제 2	아이들이 노는 것을 보면서 그녀는 만족감을 느꼈어요.
	보면서 + 그 아이들이 노는 것을, + 그녀는 느꼈어요 + 만족감을

1 보면서 + 그 아이들이 노는 것을

- watch the kids play

Ving ~ 형태의 분사구문으로

---

2 보면서 + 그 아이들이 노는 것을 / 그녀는 느꼈어요

- feel

과거 시제로

---

3 보면서 + 그 아이들이 노는 것을 / 그녀는 느꼈어요 / 만족감을

- a sense of contentment

유제 응용	음악을 들으면서 나는 운동을 마무리했어요.	- complete
	들으면서 + 음악을, + 나는 완료했어요 + 내 운동을	- workout

---

1 심호흡을 하며, 그는 연설을 시작했어요.

    🔄 취하며 + 깊은 호흡을, + 그는 시작했어요 + 그의 연설을

- take a deep breath
- speech

'시작하다'는 begin

---

2 전화 통화를 하다가, 그는 버스 정류장을 놓칠 뻔했어요.

    🔄 이야기하다가 + 전화로, + 그는 거의 놓칠 뻔했어요 + 그의 버스 정류장을

- talk on the phone
- almost miss

과거 시제로

---

3 피곤해서, 어젯밤에 일찍 잠자리에 들었어요.

    🔄 느껴서 + 피곤한 상태로, + 나는 잠자리에 들었어요 + 일찍 + 어젯밤에

- feel tired

여기서는 Ving가 이유를 제시

---

4 시험에 떨어져서, 그녀는 그 강좌를 다시 수강했어요.

    🔄 떨어져서 + 그 시험에, + 그녀는 수강했어요 + 그 강좌를 + 다시

- fail the test
- take the course

강좌를 듣거나 수강할 때는 동사 take 활용

---

5 아침 기차를 놓쳐서, 그는 택시를 타고 출근했어요.

    🔄 놓쳐서 + 그 아침 기차를, + 그는 탔어요 + 택시를 + 직장까지

- having missed
- take a cab

분사구문의 행동이 주절보다 더 먼저 일어난 일임을 확실히 밝혀 줄 때는, having p.p 형태로

---

6 여러 의사들을 방문한 후, 그는 마침내 정확한 진단을 받았습니다.

    🔄 방문한 후 + 여러 의사들을, + 그는 마침내 받았습니다 + 정확한 진단을

- a correct diagnosis

분사구문은 having p.p 형태로

---

7 충분한 돈을 저축한 후, 그녀는 긴 휴가를 계획했어요.

⟳ 저축한 후 + 충분한 돈을, + 그녀는 계획했어요 + 긴 휴가를

- save

분사구문이 주절보다 더 먼저 일어난 일임을 확실히 밝혀 줄 때는 having p.p

---

8 아침 식사를 걸러서, 그는 점심시간 때까지 너무 배가 고팠어요.

⟳ 걸렀기 때문에 +아침 식사를, + 그는 너무 배가 고팠어요 + 점심시간 때까지

- skip
- starving
- by lunchtime

분사구문은 having p.p 형태로

---

9 진실을 모르니까, 그는 그 소문을 믿었어요.

⟳ 모르니까 + 그 진실을, + 그는 믿었어요 + 그 소문을

- the truth
- believe

Ving 앞에 not만 붙이면 부정의 의미

---

10 제시간에 일을 못 끝내서, 그는 혼자 직장에 남아 있어야 했어요.

⟳ 못 끝내서 + 그의 일을 + 제시간에, + 그는 남아 있어야 했어요 + 직장에 + 혼자

- stay at work
- all alone

'~해야 했다'는 have to의 과거형 had to

---

11 비밀번호를 기억하지 못해서, 그녀는 계정에 접속할 수 없었어요.

⟳ 기억하지 못해서 + 그녀의 비밀번호를, + 그녀는 접속할 수 없었어요 + 그녀의 계정에

- her password
- access her account

access(~에 접속하다)는 전치사 없이 뒤에 바로 대상어가 위치

---

12 발표 내용을 듣지 못해서, 그는 중요한 정보를 놓쳤어요.

⟳ 듣지 못해서 + 그 발표 내용을, + 그는 놓쳤어요 + 그 중요한 정보를

- the announcement

Ving 앞에 not만 붙이면 '~하지 않아서, 못해서'

UNIT 8
분사구문 2

운동으로 완전히 지쳐서, 그는 바로 잠들었어요.

주절을 수식하는 부사절과 같은 의미로 쓰이면서 문장을 더 간결하게 해 주는 분사구문! 분사구문을 만들 때, 수동태(be + p.p.)인 부사절은 being p.p.가 됩니다. 이때 being은 대부분 생략해요. 위의 문장에서 분사구문이 될 수 있는 것은 '운동으로 완전 지쳐서'입니다. 부사절인 'As he was exhausted from the workout'에서 접속사 as와 주절의 주어와 동일한 주어 he의 생략, be동사의 현재분사형인 being을 생략하면 'Exhausted from the workout'이 분사구문으로 남습니다. 영어 문장이 과거분사형으로 시작하면 이런 분사구문일 확률이 높습니다.

 완전히 지쳐서 + 그 운동으로, + | 그는 잠들었어요 | + 바로

STEP 1 전체 문장 완성하기

다음 문장을 힌트 단어를 보면서 완성해 보세요. **MP3 053**

1 완전히 지쳐서

- **Exhausted**
분사구문 being p.p.에서 being 생략

---

2 **완전히 지쳐서** / 그 운동으로,

- **the workout**
'~으로 매우 지친'은 exhausted from ~

---

3 **완전히 지쳐서** / **그 운동으로,** / 그는 잠들었어요

- **fall asleep**
과거 시제로

---

4 **완전히 지쳐서** / **그 운동으로,** / **그는 잠들었어요** / 바로

- **right away**

Ans. Exhausted from the workout, he fell asleep right away.

유제 1	그 설명서에 혼란스러워져서, 그는 도움을 청했어요. 혼란스러워져서 + 그 설명서에, + 그는 요청했어요 + 도움을

1 혼란스러워져서

• Confused

분사구문 being p.p.에서
being 생략

---

2 혼란스러워져서 / 그 설명서에

• by the instructions

---

3 혼란스러워져서 / 그 설명서에, / 그는 요청했어요

• ask for

과거 시제로

---

4 혼란스러워져서 / 그 설명서에, / 그는 요청했어요 / 도움을

• help

유제 2	실패에 동기를 얻어, 그는 훨씬 더 열심히 일했어요. 동기를 부여받아 + 그의 실패들에, + 그는 일했어요 + 훨씬 더 열심히

1 동기를 부여받아

• Motivated

---

2 동기를 부여받아 / 그의 실패들에

• by his failures

---

3 동기를 부여받아 / 그의 실패들에, / 그는 일했어요

• work

과거 시제로

---

4 동기를 부여받아 / 그의 실패들에, / 그는 일했어요 / 훨씬 더 열심히

• even harder

비교급 앞에 even을 쓰면 '훨
씬'의 의미로 비교급을 강조

유제 응용	발전에 고무되어, 그는 훨씬 더 높은 목표들을 세웠어요. 고무되어 + 그의 발전에, + 그는 세웠어요 + 훨씬 더 높은 목표들을	• Encouraged by his progress • set

1 교통 체증에 좌절해서, 그녀는 다음 번에는 대중교통을 이용하기로 했어요.

↻ 좌절해서 + 그 교통 체증에, + 그녀는 결심했어요 + 대중교통을 이용하기로 + 다음 번에는

- Frustrated by the traffic
- public transportation

과거 시제로

---

2 그의 여정에 영감을 받아, 많은 사람들이 그의 발자취를 따라가기 시작했어요.

↻ 영감을 받아 + 그의 여정에, + 많은 사람들이 시작했어요 + 그의 발자취들을 따라가기를

- Inspired by his journey
- follow footsteps

start + Ving ~하기 시작하다

---

3 감정에 압도되어, 그는 눈물을 참지 못했어요.

↻ 압도되어 + 감정들에, + 그는 참지 못했어요 + 그의 눈물을

- Overwhelmed by emotions
- couldn't

'눈물을 참다'는 hold back one's tears

---

4 디저트 메뉴에 유혹을 받아, 그들은 세 가지 다른 디저트를 주문했어요.

↻ 유혹을 받아 + 그 디저트 메뉴에, + 그들은 주문했어요 + 세 가지 다른 디저트를

- Tempted
- different desserts

---

5 최근에 승진돼서, 그는 축하 만찬을 열기로 했어요.

↻ 승진돼서 + 최근에, + 그는 결정했어요 + 축하 만찬을 열기로

- promoted recently
- host a celebration dinner

분사구문의 내용이 주절보다 더 먼저 일어난 일임을 밝혀 줄 때는 having been p.p.

---

6 파티에 초대받아서, 그녀는 새 드레스를 한 벌 샀어요.

↻ 초대받아서 + 그 파티에, + 그녀는 샀어요 + 새 드레스 한 벌을

- Having been invited

분사구문은 **having been p.p.** 형태로

---

7 다문화 환경에서 자라서, 그녀는 세 가지 언어를 유창하게 구사합니다.

⟳ 자라서 + 다문화 환경에서, + 그녀는 말합니다 + 세 가지 언어를 + 유창하게

- in a multicultural environment

분사구문은
having been p.p.
형태로

---

8 철저하게 훈련을 받아서, 그 팀은 자신감이 있었어요.

⟳ 훈련받아서 + 철저하게, + 그 팀은 자신감이 있었어요.

- rigorously
- confident

분사구문은
having been p.p.
형태로

---

9 유행에 영향을 받지 않아서, 그녀는 스타일이 독특해요.

⟳ 영향을 받지 않아서 + 유행들에, + 그녀는 가지고 있어요 + 독특한 스타일을

- Not influenced by trends

p.p. 앞에 not만 붙이면 부정의 의미

---

10 소음에 방해받지 않고, 그는 어떤 환경에서도 공부할 수 있었어요.

⟳ 방해받지 않고 + 그 소음에, + 그는 공부할 수 있었어요 + 어떤 환경에서도

- Not bothered
- in any environment

'~할 수 있었다'는
could + V

---

11 컨퍼런스에 초대받지 않아서, 나는 그날 하루를 집에서 일하며 보냈어요.

⟳ 초대받지 않아서 + 그 컨퍼런스에, + 나는 보냈어요 + 그날 하루를 + 일하면서 + 집에서

- spend
- working from home

'집에서 일하다' 즉, '재택 근무하다'는 work at home이 아니라 work from home으로 표현

---

12 비판에 영향받지 않고, 그녀는 같은 열정으로 일을 계속했어요.

⟳ 영향받지 않고 + 그 비판에, + 그녀는 계속했어요 + 그녀의 일을 + 같은 열정으로

- Not affected by the criticism
- with the same passion

'~을 계속하다'는 continue

책 이야기가 나와서 말인데, 최신 베스트셀러를 읽어 봤나요?

분사구문의 주어가 we, you 같은 막연한 일반인일 때, 주어를 생략하고 관용적으로 쓰는 표현들이 있습니다. 예를 들어, generally speaking(일반적으로 말해서), talking of ～(～에 대해 말하자면, ～ 얘기가 나와서 말인데), considering ～(～을 고려하면) 등의 분사구문입니다. 일상생활에서 자주 사용해서 숙어처럼 굳어진 이런 분사구문을 다양한 영작에 활용해 보세요.

책 이야기가 나와서 말인데, + | **당신은 읽어 봤나요** | + 그 최신 베스트셀러를

STEP 1   전체 문장 완성하기

다음 문장을 힌트 단어를 보면서 완성해 보세요.   **MP3 054**

1   이야기가 나와서 말인데 + 책들

• **Talking of books**
'～에 대해 말하자면, ～ 얘기가 나와서 말인데'는 talking of ～

---

2   **이야기가 나와서 말인데 + 책들,** / 당신은 읽어 봤나요

• **have you read**

---

3   **이야기가 나와서 말인데 + 책들,** / **당신은 읽어 봤나요** / 그 최신 베스트셀러를

• **the latest bestseller**

> **Ans.** Talking of books, have you read the latest bestseller?

유제 1	요리법 이야기가 나와서 말인데요, 라자냐용으로 아주 괜찮은 것 하나를 찾았어요.
	이야기가 나와서 말인데요, + 요리법, + 나는 찾았어요 + 아주 괜찮은 것 하나를 + 라자냐를 위한

1 이야기가 나와서 말인데요 + 요리법,

• recipes

---

2 이야기가 나와서 말인데요 + 요리법, / 나는 찾았어요

• find
과거 시제로

---

3 이야기가 나와서 말인데요 + 요리법, / 나는 찾았어요 / 아주 괜찮은 것 하나를

• a great one

---

4 이야기가 나와서 말인데요 + 요리법, / 나는 찾았어요 / 아주 괜찮은 것 하나를 / 라자냐를 위한

• for lasagna

유제 2	피드백으로 판단해 보면, 우리의 신제품은 대성공입니다.
	판단하건대 + 그 피드백으로, + 우리의 신제품은 ~입니다 + 대성공

1 판단하건대 + 그 피드백으로,

• the feedback
'~으로 판단하건대, 미루어 보아'는 judging from ~

---

2 판단하건대 + 그 피드백으로, / 우리의 신제품은 ~입니다 / 대성공

• product
• a hit

유제 응용	그들의 반응으로 미루어 보아, 그 콘서트는 성공이었어요.	• reactions
	미루어 보아 + 그들의 반응으로, + 그 콘서트는 성공이었어요.	• a success

---

1 상황을 고려하면, 그것이 최선의 결정이었어요 .

    ↻   고려하면 + 그 상황을, + 그것은 ~이었어요 + 최선의 결정

- the circumstances

'~을 고려하면'은 considering ~

---

2 그의 나이를 고려하면, 그는 많은 것을 성취한 거예요.

    ↻   고려하면 + 그의 나이를, + 그는 성취한 거예요 + 많은 것을

- achieve a lot

과거에 한 일이 현재까지 연결되므로, 현재완료 시제로

---

3 일반적으로 말해, 저희 고객들은 저희 서비스에 만족합니다.

    ↻   일반적으로 말하면, + 저희의 고객들은 만족합니다 + 저희의 서비스에

- Generally speaking

'~에 만족한'은 satisfied with ~

---

4 일반적으로 말해, 대부분의 식물들은 자라기 위해서 햇빛이 필요합니다.

    ↻   일반적으로 말해, + 대부분의 식물들은 필요로 합니다 + 햇빛을 + 자라기 위해

- sunlight

---

5 엄밀히 말하면, 그는 어떤 규칙도 어기지 않았어요.

    ↻   엄밀히 말하면, + 그는 어기지 않았어요 + 어떤 규칙도

- break any rules

'엄밀히 말하면'은 strictly speaking

---

6 엄밀히 말하면, 그건 공식적인 절차가 아닙니다.

    ↻   엄밀히 말하면, + 그건 ~ 아닙니다 + 그 공식적인 절차가

- the official procedure

---

7 솔직히 말해서, 나는 그 결과에 감명받지 않았어요.

    ⟳ 솔직히 말해서, + 나는 감명받지 않았어요 + 그 결과들에

- Frankly speaking
- the results

'~에 감명받다'는
be impressed with ~

---

8 솔직히 말하면, 그게 최선의 생각은 아닌 것 같아요.

    ⟳ 솔직히 말하면, + 나는 생각하지 않아요 + 그게 ~라고 + 최선의 생각

- I don't think
- the best idea

---

9 넓게 말하면, 그 소설은 사랑과 희생에 관한 것입니다.

    ⟳ 넓게 말하면, + 그 소설은 ~입니다 + 사랑과 희생에 관한

- Broadly speaking
- sacrifice

---

10 역사적으로 말하면, 그 마을은 유산이 풍부합니다.

    ⟳ 역사적으로 말하자면, + 그 마을은 가지고 있어요 + 풍부한 유산을

- Historically speaking
- a rich heritage

---

11 개인적으로 말하면, 나는 그 생각이 마음에 안 들어요.

    ⟳ 개인적으로 말하면, + 나는 마음에 안 들어요 + 그 생각이

- Personally speaking

---

12 현실적으로 말하자면, 그것은 충족시키기 어려운 목표입니다.

    ⟳ 현실적으로 말하자면, + 그것은 ~입니다 + 어려운 목표 + 충족시키기

- Realistically speaking
- a challenging target

'(필요, 요구 등을) 충족시키다'는 meet

My Favorite Hobby - Gardening
내가 가장 좋아하는 취미 - 가드닝

가드닝은 많은 이들에게 기쁨을 가져다주는 멋진 활동입니다.
- brings joy

제 뒷마당에는 아름다운 꽃과 녹색 식물로 가득 찬 작은 정원이 있습니다.
- backyard
- filled with

정원을 건강하게 유지하기 위해 전 매일 아침 식물에 물을 줍니다.
- water
- keep the garden healthy

물을 주는 동안, 종종 자연의 아름다움을 감상하며 생각에 잠기죠.
- appreciating

제가 가장 좋아하는 일 중 하나가 새로운 꽃들을 심는 것이랍니다.
- one of my favorite tasks
- planting

전 나비와 벌을 유인하는 화려한 색상의 꽃을 고르는 게 좋아요.
- colorful blooms
- attract butterflies

(나비와 벌을) 환영하는 공간을 만들기 위해, 전 다양한 패턴으로 꽃들을 신중하게 배열합니다.
- carefully arrange

첫 꽃이 피는 것을 보는 건 언제나 신나요.
- the first blooms

그건 성취감과 행복감을 안겨주는 광경이랍니다.

때로는 친구들을 정원에 초대해서 그곳에 함께 갑니다.
- to join me in the garden

우리는 함께 씨앗을 심고 가드닝 팁을 교환하는 것을 즐깁니다.
- planting seeds
- exchanging

제게 가드닝은 단순한 취미가 아니에요. 그건 휴식을 취하고 자연과 소통하는 방법이죠.

작은 씨앗 하나가 정성으로 아름다운 꽃으로 자랄 수 있거든요.
- grow into
- with care

가드닝은 인내와 책임을 가르쳐 주기에 보람 있는 취미입니다.
- patience and responsibility

이와 같이, 나는 모든 사람이 가드닝을 해 보고 그것이 가져오는 기쁨을 경험해 보기를 권합니다.
- encourage + 사람 + to V

My Favorite Hobby – Gardening

_____ , there is a small garden _____

_____

_____ , I often find myself lost in thought, _____

_____

To create a welcoming space, _____

in different patterns.

It's a sight that brings a sense of accomplishment and happiness.

_____

For me, _____ ;

it's a way to relax and connect with nature.

Gardening is a rewarding pastime _____

As such, _____

영어로 문장 만들기 훈련

1차 임계점

ANSWERS

PART 1 영작의 BASE

CHAPTER 1 뼈대 문장에서 확장 문장으로

UNIT 1 뼈대 문장에서 확장 문장으로

Step 1

I run in the park every morning to lose weight.

유제 1 He walks to work every day to stay healthy.

유제 2 She always goes to work no matter how tired she feels.

유제 응용 I walk to work every morning to lose weight no matter how tired I feel.

Step 2

1 He runs in the park after work every evening.

2 I came back home at around 7 yesterday.

3 I go to the gym after work every day no matter how tired I feel.

4 She is studying hard to pass the test.

5 She cooks for her family every morning.

6 Nothing happened to me last weekend.

7 I wake up at 6 every morning to go to work.

8 They meet at the café every Saturday morning.

9 The choir sings at the church every Sunday morning.

10 My grandmother knits beautifully on the porch every Sunday afternoon.

11 The students study in the library every weekday afternoon.

12 The children play in the backyard every afternoon after school.

UNIT 2 뼈대 문장에 보충어를 더해 확장 문장으로 1

Step 1

I am happy to see you here today.

유제 1 He was surprised to hear the news from Tom.

유제 2 I am nervous about the job interview tomorrow.

유제 응용 She was surprised to hear the news about her ex-boyfriend.

Step2

1 She's excited about the upcoming concert.

2 I'm so happy for your promotion this time.

3 I'm ready for the presentation tomorrow.

4 I'm ready to leave for New York.

5 I'm upset about my colleague.

6 I'm upset about his attitude at the meeting.

7 I'm sick and tired of his constant excuses.

8 I'm sick and tired of her nagging.

9 I'm sorry to bother you.

10 I'm sorry to hear that news.

11 The instructions are clear and easy to follow.

12 Their new song is catchy and fun to dance to.

UNIT 3 뼈대 문장에 보충어를 더해 확장 문장으로 2

Step 1

You look so gorgeous in that jacket today.

유제 1 She looks a little sad when she says that.

유제 2 You look like your mother when you smile.

유제 응용 You look like a teenager when you wear that.

Step2

1 You look happy when you study English.

2 He looks gloomy in the morning.

3 You sound a little different today.

4 It sounds good to me.

5 That sounds like a good idea.

6 I feel tired after the long workout.

7 I feel relaxed when I listen to classical music.

8 It feels like yesterday.

9 The kitchen smells wonderful when he's baking bread.

10 This candle smells like lavender.

11 These cookies taste homemade.

12 This vegan burger tastes like real meat.

UNIT 4 뼈대 문장에 대상어를 더해 확장 문장으로

Step 1

We always drink tea after dinner.

유제 1 I had a good time in Paris last year.

유제 2 He studied English with his friends at the library yesterday.

유제 응용 I had a great time with my friends in Europe last summer.

Step 2

1 I washed the dishes after lunch.

2 She reads a novel before bedtime.

3 We clean our house every Saturday.

4 He answers emails during lunch break.

5 We explore new places when we travel.

6 We enjoyed the movie last night.

7 She carries an umbrella when it's cloudy.

8 They finished the project on time.

9 I shared my snacks with him after class.

10 They walked their dog in the park this morning.

11 He spent most of his time in New York last winter.

12 She met her friends at the café this afternoon.

UNIT 5 뼈대 문장에서 남에게 퍼 주는 문장으로

Step 1

I will tell you everything that I know.

유제 1 He will give her everything that he has.

유제 2 She always reads her kids fairy tales before bedtime.

유제 응용 He always gives her a call before bedtime.

Step 2

1 He kindly showed me the way to the bookstore.

2 I gave them a big hug after the game.

3 I will get you some coffee.

4 I lent him some money last year.

5 I am going to teach you English during this summer vacation.

6 Could you give me a ride home?

7 Could you do me a favor?

8 The company offered him a new position.

9 She always gives her daughter the best advice.

10 The coach taught the team new techniques.

11 I recently bought my best friend a birthday present.

12 He kindly handed me a detailed map of the building.

UNIT 6 뼈대 문장에서 대상어를 명확히 하는 문장으로 1

Step 1

You make me happy and comfortable.

유제 1 The movie made us sad and depressed.

유제 2 His constant jokes made the mood light-hearted during the long journey.

유제 응용 The teacher's explanations made the subject easy to understand.

Step 2

1 The stunning view made our trip unforgettable.

2 Her positive attitude makes the workplace more pleasant.

3 The latest update made my phone faster.

4 The loud music made the party lively last night.

5 The warm lighting makes the room cozy.

6 Their creative approach makes the project unique.

7 The parents found the game too violent.

8 The audience found the play fascinating.

9 I kept the door open to air out my room.

10 She painted the room bright yellow.

11 Please leave me alone when I have a lot of work.

12 She left the room clean and organized for the upcoming meeting.

UNIT 7
Step 1

I'll let you know the result as soon as possible.

유제 1 Her parents won't let her sleep over at her friend's house.

유제 2 He made me work overtime for a week.

유제 응용 I'll let you use my laptop for a week.

Step 2

1   The mentor's feedback made her revise her work.
2   My love for nature made me have a garden.
3   The continuous noise made me have a headache.
4   My parents let me travel alone for the first time.
5   The manager let her team leave early on Friday.
6   I won't let you go there by yourself.
7   I had the mechanic check my car last weekend.
8   She had her assistant organize the files on the desk.
9   He had the barber cut his hair short.
10 This guidebook helped me understand the topic.
11 His advice helped her make a better choice.
12 The workshop helped the employees develop new skills.

CHAPTER 2   시제와 조동사로 문장의 의도를 분명하게
UNIT 1   현재 시제
Step 1

She always checks her email first thing in the morning.

유제 1 He checks his messages every hour.

유제 2 The bus arrives every 15 minutes during peak hours.

유제 응용 Coffee always helps me stay awake during long meetings.

Step 2

1   I prefer black coffee over tea.
2   I visit my grandparents once a month.
3   I work from home on Fridays (= every Friday).
4   My sister teaches English in Berlin.
5   He practices piano for an hour every evening.
6   The café offers free Wi-Fi to all its customers.
7   Plants need sunlight to grow.
8   Dogs need regular exercise and attention.
9   Trains always arrive on time at this station.
10 My office sits on the third floor, right next to the elevator.
11 Customers prefer online shopping nowadays.
12 The museum offers free admission on Sundays (= every Sunday).

UNIT 2   과거 시제
Step 1

I finished my project ahead of the deadline.

유제 1 I met her at the library on Friday.

유제 2 The children played in the park until sunset.

유제 응용 We attended a wedding in the countryside last spring.

Step 2

1   He worked at that company for five years.
2   She visited Paris with me last summer.
3   The meeting ended at 3 p.m. yesterday.
4   We watched a movie at home last night.
5   I studied for the exam all night.
6   I cleaned my room before going out.
7   He broke his glasses while playing basketball.
8   I read that book last month and loved it.
9   She passed her driving test on the first attempt.
10 The concert began late because of technical issues.
11 It rained heavily last weekend.
12 The conference took place in New York last October.

UNIT 3 미래 시제 1

Step 1

I will move to a new house in LA in December.

유제 1 I will join the gym to stay fit.

유제 2 He will finish his project by the end of this month.

유제 응용 He will hand in his report by the end of this month to pass the course.

Step 2

1 I will travel to Italy next summer.

2 I will be there in 10 minutes.

3 She will start her new job next Monday.

4 We will have dinner at that new restaurant downtown.

5 I will read the book that you recommended.

6 I will send you the details by email.

7 We will meet at the café at 2:00 p.m. tomorrow.

8 They will celebrate their anniversary in New York next week.

9 The concert will begin at 7:00 p.m. sharp.

10 The store will close early on New Year's Eve.

11 The museum will open a new exhibition next week.

12 The flight will depart from gate 5 in 10 minutes.

UNIT 4 미래 시제 2

Step 1

I'm going to start a new exercise routine next week.

유제 1 I'm going to go shopping after work.

유제 2 We're going to go on a picnic if it's sunny tomorrow.

유제 응용 I'm going to go swimming if the weather is nice tomorrow.

Step 2

1 I'm going to buy a new laptop during the sale.

2 I'm going to get a haircut after work.

3 She is going to enroll in a photography class next month.

4 She is going to apply for a scholarship next semester.

5 She is going to have a garage sale next Saturday.

6 We are going to celebrate my sister's birthday at a fancy restaurant.

7 The company is going to launch a new product next quarter.

8 He is going to study abroad next year.

9 He is going to propose to her on her birthday.

10 They are going to collaborate on a new project this year.

11 It is going to rain heavily tonight.

12 It is going to be sunny this afternoon.

UNIT 5 현재진행 1

Step 1

We're talking about the latest movie over coffee.

유제 1 You're doing a great job with that project.

유제 2 She's baking a chocolate cake for her son's birthday.

유제 응용 They're planning a surprise party for their coworker's retirement.

Step 2

1 She is listening to her favorite podcast right now.

2 I am studying for my final exams this week.

3 I'm currently working on a project for my boss.

4 The kids are playing soccer in the park right now.

5 We're waiting for our food to be delivered.

6 They're renovating the office to make more space.

7   We're thinking of moving to a quieter neighborhood.

8   My cat is sleeping on my bed.

9   She's texting her friend about the weekend plans.

10   They are discussing the new proposal over lunch.

11   My brother is moving to New York for his job.

12   I'm leaving for New York to meet my family tomorrow.

UNIT 6   현재진행 2
Step 1

They are coming to visit us next week.

유제 1 I'm attending a wedding this weekend.

유제 2 He is starting his new job in September.

유제 응용 She's giving a presentation at the conference next month.

Step 2

1   They're hosting a dinner party this Friday night.

2   I'm taking a cooking class next Tuesday.

3   She is running a marathon in December.

4   They're renovating their house next year.

5   He's joining a fitness program next month.

6   They're moving to a new apartment in two weeks.

7   We're attending a family reunion in July.

8   I'm meeting her for lunch tomorrow.

9   I'm volunteering at the community center tomorrow.

10   She is taking a business trip next week.

11   He is finishing his project by the end of the week.

12   They are throwing a birthday party for their son next month.

UNIT 7   과거 진행
Step 1

I was reading a book in my room when the power went out yesterday.

유제 1 They were playing baseball when it started to rain.

유제 2 I was studying for the exam while you were sleeping.

유제 응용 I was watching a movie in my room while you were sleeping.

Step 2

1   He was working late at his office last night.

2   The kids were laughing loudly in the next room.

3   I was vacuuming the floor when she came in.

4   When she met her old friend. she was shopping for groceries.

5   The chef was preparing a special dish when the guest arrived.

6   We were discussing the project when the manager joined us.

7   She was jogging in the park when she saw the accident.

8   The birds were singing early this morning.

9   The computer froze while she was writing an email.

10   When I walked into the room. they were watching a movie.

11   The teacher was explaining the lesson when the bell rang.

12   What were you doing when I called you last night?

UNIT 8   현재완료 1
Step 1

I've always wanted to visit Paris.

유제 1 He's always dreamed of becoming a pilot.

유제 2 She's worked at the same company since 2020.

유제 응용 I've dreamed of working at this company since high school.

Step 2

1 They've been friends since childhood.

2 He's visited his grandparents every summer since childhood.

3 I've always loved the beach.

4 We have always enjoyed spending time together.

5 They have always supported each other's dreams.

6 I have lived in New York for five years.

7 She has taught English in this middle school for ten years.

8 I've had this coat for years, and it's kept me warm every winter.

9 Mark has practiced martial arts for over a decade.

10 We have waited for this moment for so long.

11 She has had the same car since college.

12 He has played the piano since he was a child.

UNIT 9   현재완료 2

Step 1

I have traveled to more than ten countries so far.

유제 1 Have you ever traveled to Europe?

유제 2 Have you ever seen that movie?

유제 응용 I have seen that movie three times.

Step 2

1 He has met some famous people during his career.

2 I have never seen such a beautiful sunset in my life.

3 I've never tried scuba diving before.

4 Have you ever been to Rome?

5 I've been to India twice, but I've never been to China.

6 I've heard that story from him countless times.

7 She has read all the books in the *Harry Potter* series.

8 He's recently adopted two kittens from the shelter.

9 I've done a lot of work today.

10 He has already seen the latest episode of that show.

11 I've already told you to do that.

12 I've just decided to enroll in a yoga class.

UNIT 10   현재완료진행

Step 1

They've been saving money to buy a house for five years.

유제 1 I've been listening to this band's music for years.

유제 2 We've been living in this city since 2015.

유제 응용 My parents have been traveling in Europe for three weeks.

Step 2

1 I've been working on this project since last week.

2 They've been preparing for the upcoming festival since last month.

3 I've been hearing a lot of good things about that restaurant.

4 I've been waiting here for over an hour.

5 She's been writing a book for the last two years.

6 The kids have been playing outside all afternoon.

7 I've been wanting to talk to you about something important.

8 He's been trying to reach you on the phone since yesterday.

9 She's been teaching at that school since she graduated from college.

10 It's been raining since this morning.

11 How long have you been working here?

12 How long have you been working out?

UNIT 11 조동사 can

Step 1

My sister can play the guitar so beautifully.

유제 1 Can you speak Spanish fluently?

유제 2 I can finish the project by tomorrow afternoon.

유제 응용 Can you make sure to finish the report by tomorrow?

Step 2

1   I can cook a delicious lasagna.
2   He can lift heavy weights at the gym.
3   She can run a marathon in under 3 hours.
4   You can find some classic novels in the library's third aisle.
5   I can't dance well, but I can sing well.
6   They can't make it to my birthday party next Saturday.
7   Can you drive a manual car?
8   Can I borrow your pen for a minute?
9   Can I stay overnight at your place?
10 You can park your car in the driveway.
11 You can go out after finishing your homework.
12 You can use my laptop if yours is not working.

UNIT 12 조동사 could

Step 1

Could you send me the information?

유제 1 Could you explain that one more time?

유제 2 Could I take a day off next week?

유제 응용 Could I use your phone for a quick call?

Step 2

1   Could you turn off the lights when you leave?
2   Could you show me how to use this software?
3   Could you review the proposal before the meeting?
4   Could I bring my friend to the party tomorrow?
5   Could I ask for your advice on this matter?
6   Could I use your computer for a quick email?
7   We could try that new restaurant downtown this weekend.
8   We could start the meeting a bit earlier.
9   I could help you with your assignment after dinner.
10 If you're free, we could watch a movie tonight.
11 When I was little, I could run very fast.
12 I couldn't find my keys this morning.

UNIT 13 조동사 should / had better

Step 1

You should always proofread your report before you submit it.

유제 1 You should book your flight tickets soon before prices skyrocket.

유제 2 If you want to avoid a traffic jam, you should leave before 5 p.m.

유제 응용 If you're feeling ill, you should see a doctor immediately.

Step 2

1   We should recycle our waste to protect the environment.
2   You should visit the local markets if you want a unique travel experience.
3   She should start her day with a good breakfast.
4   Travelers should always keep a photocopy of their passports.
5   You should try the cheesecake at that café.
6   Parents should have open conversations with their children.
7   You had better reduce your caffeine intake.
8   You'd better take regular breaks during work to avoid burnout.
9   I'd better wear my glasses to see the presentation clearly.

10 If you don't want to miss the train, you'd better hurry.

11 If you want to see the entire exhibition, you'd better start early.

12 You'd better wear sunscreen when you go to the beach.

UNIT 14 조동사 **have to**

Step 1

I have to recharge my phone because the battery is almost dead.

유제 1 We have to reserve a table because the restaurant is always crowded.

유제 2 I have to get up early tomorrow for my train journey.

유제 응용 I have to wake up early every day because my work starts at 7 a.m.

Step 2

1 I have to buy a gift for my friend's birthday next week.

2 We have to check out of the hotel before 11 a.m.

3 You have to finish all your vegetables if you want dessert.

4 They have to get permission before they start the renovation.

5 She has to wear glasses when she's reading or driving.

6 On weekends, he has to take his grandmother to the park.

7 To get a driver's license, you have to pass both written and practical tests.

8 We have to order supplies before we run out.

9 They have to practice the song thoroughly before the concert.

10 Tom has to visit his grandmother on Saturdays.

11 Do I have to do this right now?

12 Do you have to go to work this Saturday?

13 Does she have to do all the work by herself?

14 Do we have to check in online or can we do it at the airport?

15 I don't have to take my dog for a walk today.

16 We don't have to go to work on weekends.

17 You don't have to apologize to me.

18 He doesn't have to bring any equipment.

LET'S WRITE A STORY
My weekend Adventure

Today was a great day!

I woke up early and decided to explore the nearby park.

The sun was shining, and the birds were singing.

I could hear children laugh in the distance **as I walked towards the park.**

At the park, I found a cozy bench and sat down to enjoy the beautiful surroundings.

People were walking their dogs, **and I saw a group of friends.**

They were having a picnic.

I thought, '**I should try having a picnic next weekend.**'

After some time, I decided to explore the walking trail that led to a small lake.

Near the lake, I saw ducks swimming and **could smell the fresh air.**

I sat by the lake and read a book.

It was so peaceful.

Later, **I met a friendly jogger and he told me about a hidden garden nearby.**

I thought, '**I have to visit that garden sometime.**'

In the evening, I returned home feeling happy and relaxed.

I realized that **simple adventures like this make weekends special.**

I can't wait to explore more places and create new memories.

PART 2 영작다운 영작

CHAPTER 1 수식어로 명사 자리 늘이기

UNIT 1 명사 + 전치사구 (형용사구) 1

Step 1

The store at the corner sells vintage clothes.

유제 1 The flower shop at the intersection offers a discount.

유제 2 The fireworks at the beach were a highlight of the summer festival.

유제 응용 The restaurant at the end of the street serves the best seafood.

Step 2

1   The books on the top shelf are rare collections.
2   The AC on the ceiling is making a noise.
3   The laptop on the wooden table is brand new.
4   She is the woman on the news every night.
5   The coffee in the red mug is still hot.
6   The girl in the green dress sang beautifully.
7   The flowers in the garden bloom beautifully every spring.
8   The gentleman in the front row asked a question.
9   The tree by the river is over a hundred years old.
10 The paintings by the famous artist were auctioned.
11 The bike near the entrance is mine.
12 The town near the mountains is picturesque.

UNIT 2 명사 + 전치사구 (형용사구) 2

Step 1

The man with a hat waved at me.

유제 1 The house with the blue door is up for sale.

유제 2 The boy with the glasses is a chess champion.

유제 응용 The pastry with the cherry on top is delicious.

Step 2

1   The plane from New York landed on time.
2   The employees from the marketing department are at a conference.
3   The song from the latest album is topping the charts.
4   The cars from the 1960s are on display in the museum.
5   The buildings along the canal are very old.
6   People around us often ask us to do a favor for them.
7   The dog behind the fence barks loudly every morning.
8   The boy under the desk is hiding from his friends.
9   The bus in front of the building will take you downtown.
10 The café next to the library is the perfect spot for a coffee.
11 The sign above the entrance welcomed guests in multiple languages.
12 The festival during the summer attracts tourists from everywhere.

UNIT 3 명사 + 현재분사

Step 1

The man singing on the stage has an incredible voice.

유제 1 The phone ringing in the office is probably for you.

유제 2 The books lying on the table are for sale.

유제 응용 The team practicing on the field is preparing for a big match.

Step 2

1   The woman wearing the red dress is my aunt.
2   The vegetables growing in the garden are organic.
3   That woman talking on the phone is my sister.
4   The students studying in the library are preparing for exams.
5   The band playing at the festival is getting a lot of attention.

6   The kids playing hide and seek are having a lot of fun.

7   She received a letter apologizing for the inconvenience.

8   She is scared of dogs barking loudly.

9   He is looking at the cat sleeping on the windowsill.

10   He read a book discussing the implications of artificial intelligence.

11   She admired the dancers performing on the street.

12   We joined a tour exploring the city's historic site.

UNIT 4 명사 + 과거분사
Step 1

The cake baked by my grandmother is delicious.

유제 1 The letter written by Jane arrived yesterday.

유제 2 The suit worn by the actor was a designer piece.

유제 응용 The books published last year received excellent reviews.

Step 2

1   The ideas discussed in the meeting were innovative.

2   The necklace given to her on her birthday sparkled brilliantly.

3   The commuters stuck in traffic missed their morning meetings.

4   The document cut in half was useless to us now.

5   She bought a vintage chair painted in white for her study room.

6   You should try the drink recommended by the bartender.

7   I loved the music composed by that indie artist.

8   We saw the building constructed in the 18th century.

9   I'm cleaning the milk spilled on my desk.

10   The company installed the software developed by the startup.

11   They tasted the wine produced in the local vineyard.

12   He shared the information gathered during his research.

UNIT 5 명사 + to부정사구
Step 1

He's looking for a place to stay in Paris.

유제 1 She always looks for topics to write about.

유제 2 I need a friend to talk to about films and books.

유제 응용 They wanted a song to dance to at their wedding.

Step 2

1   I'm saving money to buy a new laptop.

2   Do you know a good place to eat around here?

3   It is time to pack our bags and leave.

4   I have a list of tasks to complete by tomorrow.

5   I'm searching for a recipe to use these leftovers.

6   She gave us some tips to remember when traveling.

7   We need a strategy to win the game.

8   I need a light jacket to wear in the evening.

9   I'm looking for a dress to wear to the party.

10   There is no reason to believe the story.

11   I have something to discuss with you after the meeting.

12   We have a lot of work to do before the deadline.

UNIT 6 명사 + 관계대명사절 1
Step 1

The people who attended the meeting are all executives.

유제 1 The teacher who taught us math was very patient.

유제 2 The artist who painted this piece is famous in Europe.

유제 응용 The friend who helped me during tough times is invaluable.

Step 2

1   The man who sits next to me in the office is really smart.

2   You are the one who recommended that book to me.

3   She is the one who introduced me to yoga and meditation.

4   Is there anyone who wants some coffee?

5   Do you know someone who can help me on the weekend?

6   The fruit that/which grows in this region is sweet.

7   The restaurant that/which opened last month has amazing food.

8   I've already seen the movie that/which won the Oscar this year.

9   He finished the book that/which has over a thousand pages.

10 I prefer the ice cream that/which contains chocolate chips.

11 She wants to buy a dress that/which costs less.

12 Can you recommend a novel that/which suits beginner readers?

UNIT 7   명사 + 관계대명사절 2

Step 1

The one that I respect the most is my father.
(관계대명사 who, whom도 가능)

유제 1 The shoes that I ordered online are too tight.

유제 2 The artist that I admire is holding a workshop next month.

유제 응용 The teacher that I learned from the most is retiring this year.

Step 2

1   The man who/that I met at the conference gave me insightful advice.

2   The woman who/that we interviewed yesterday is highly qualified.

3   The friend who/that I trust the most lives abroad.

4   The mechanic who/that I hired fixed my car quickly.

5   This is the book that/which I was looking for in the library.

6   I didn't get the job that/which I applied for.

7   I loved the song that/which you played at the party.

8   I drank the coffee that/which she made this morning.

9   I didn't understand the joke that/which he told me at dinner.

10 The shoes that/which I wanted were out of stock.

11 The movie that/which you recommended was fantastic.

12 The restaurant that/which we went to last night has incredible sushi.

UNIT 8   명사 + 관계부사절

Step 1

I remember the day when we first met at the park.

유제 1 Today is the day when I have to prove my worth.

유제 2 I miss the years when I traveled freely around the world.

유제 응용 There was a time when I used to go jogging every morning.

Step 2

1   This is the city where I was born and raised.

2   The room where the meeting will be held is on the second floor.

3   Is this the library where you study every weekend?

4   The city where they first met has changed a lot over the years.

5   I've always wondered the reason why he quit his previous job.

6   Can you explain the reason why we have to fill out this form?

7   Do you know the reason why the event was canceled?

8 I don't understand the reason why he acted that way.

> * 실제 문장에서는 5~8의 reason why에서 reason 또는 why를 생략한 것이 더 자연스럽다.

9 I like the way you think and act.
(= I like how you think and act.)

10 I'll tell you how I met him for the first time.
(= I'll tell you the way I met him for the first time.)

11 I don't understand how the rumor started.
(= I don't understand the way the rumor started.)

12 Can you explain how this machine works?
(= Can you explain the way this machine works?)

CHAPTER 2 동사, 형용사 수식하고 늘리기

UNIT 1 전치사구 (부사구)

Step 1

I work out at the gym in the morning.

유제 1 We'll leave for our vacation in an hour.

유제 2 She always drinks chamomile tea at home in the evening.

유제 응용 Let's meet by the fountain in the city center at around 3 p.m.

Step 2

1 He's going to stay with us for a few days.

2 My car is parked behind the building.

3 I met her by chance at the bookstore after work.

4 He completed the project ahead of time.

5 He studied intensively for weeks for the exam.

6 I haven't seen her since Monday.

7 They usually exercise in the morning to start their day with energy.

8 We'll meet at the station at noon.

9 They chatted for hours about their shared interests.

10 Let's catch up over coffee/while drinking coffee at that new cafe downtown next week.

11 He works at a local café on weekends to earn some extra money.

12 I'd like to spend quality time with my family on the weekend.

UNIT 2 to부정사구 1

Step 1

She's diligently saving money to buy a new laptop.

유제 1 We exercise every day to stay healthy.

유제 2 He left early to avoid the morning rush-hour traffic.

유제 응용 He's studying hard every night to pass the college entrance exam.

Step 2

1 She took a second job to support her family during difficult times.

2 Every summer, he went to Paris to learn French.

3 She called him late in the evening to apologize for the misunderstanding.

4 We went to the nearby store to pick up some groceries for the weekend.

5 They're going on a vacation to relax and rejuvenate.

6 She uses this smartphone app to track her monthly expenses and savings.

7 During our beach trip, we wore hats to protect ourselves from the harsh sun.

8 I'll send you the details by tomorrow to confirm our meeting time and venue.

9 I closed all the windows to block out the noisy construction sounds outside.

10 After reading for hours, I took a break to rest my tired eyes.

11 She drinks green tea every night to maintain her skin's glow.

12 We booked our concert tickets to get the best seats.

UNIT 3 to부정사구 2

Step 1

I'm grateful to have such supportive friends.

유제 1 I'm happy to help you with your challenging project.

유제 2 I'm surprised to see you here.

유제 응용 I'm thrilled to see you after such a long time.

Step 2

1 I'm sorry to let you down.

2 They are lucky to travel around the world while working remotely.

3 He's ready to start his new job after a long hesitation.

4 The new offer is tempting to consider.

5 Your handwriting is a bit difficult to read.

6 The new software is easy to use even for beginners.

7 The movie was too depressing to watch again.

8 The cake is too hot to eat right now.

9 The box is too heavy to lift by myself.

10 It is too chilly to go out without a jacket.

11 This room is too small to accommodate all the guests.

12 This tea is too bitter to drink without adding some honey.

UNIT 4 현재분사 (동시동작)

Step 1

She read the book, sipping her tea.

유제 1 He walked down the street, humming a tune.

유제 2 The students took notes, listening carefully to the lecturer.

유제 응용 She browsed the store, looking for a gift.

Step 2

1 I typed the email, double-checking the content.

2 She danced around the room, singing her favorite song.

3 The chef cooked, tasting the sauce occasionally.

4 He drove home, thinking about the day's events.

5 She worked on her laptop, charging her phone.

6 He came in, waving his hand.

7 I waited for you, looking out the window.

8 The children played outside, laughing loudly.

9 She applied makeup, chatting with her friend.

10 He practiced the guitar, tapping his foot to the beat.

11 She folded the laundry, watching her favorite TV show.

12 They hiked the trail, admiring the stunning views around them.

CHAPTER 3 긴 명사 써서 늘리기

UNIT 1 명사구 1 (동명사구)

Step 1

Learning a foreign language is challenging and fun.

유제 1 Listening to my grandmother's stories is interesting.

유제 2 Drinking tea while reading is calming.

유제 응용 Cycling around the city is my favorite thing.

Step 2

1 Playing with my pets after work makes me happy.

2 Listening to classical music while working enhances concentration.

3 My hobby is listening to jazz music after work.

4 The secret behind his success is waking up early and planning his day.

5 Their best trait is understanding and respecting each other.

6 My favorite weekend activity is reading books on my porch.

7 The secret to their health is eating organic food and exercising every day.

8 I enjoy reading mystery novels late at night.

9 They've considered moving to the countryside.

10 He regrets not spending more time with his kids.

11 She nearly gave up learning the guitar.

12 They finished filming the movie despite several setbacks.

UNIT 2 명사구 2 (to부정사구 1)

Step 1

I want to travel to Europe next summer.

유제 1 I wanted to be an artist when I was younger.

유제 2 I've decided to start jogging every morning.

유제 응용 I've decided to take a break from work and travel to Europe.

Step 2

1 I'm planning to learn Spanish next summer.

2 I'm trying to eat healthier foods and more vegetables.

3 I can't wait to watch the new movie.

4 They promised to call us as soon as they arrive.

5 She's learning to bake different types of bread.

6 He's trying to lose some weight before the wedding.

7 I didn't mean to hurt your feelings.

8 I managed to get there on time despite the rush-hour traffic.

9 She's hoping to buy a new laptop during the sale.

10 I intend to learn a new language every year and broaden my horizons.

11 She always forgets to take her vitamins in the morning.

12 He wishes to relocate to the countryside and live a peaceful life.

UNIT 3 명사구 3 (to부정사구 2)

Step 1

It is polite to say "Please" and "Thank you."

유제 1 It is rude to interrupt someone while they are speaking.

유제 2 It is relaxing to listen to music after a long day.

유제 응용 It is common to feel nervous before a presentation.

Step 2

1 It is better to arrive early for an interview.

2 It is necessary to get a regular health checkup.

3 It is difficult to concentrate when there's so much noise.

4 It is advisable to turn off electronics at least an hour before bedtime.

5 It is best to think twice before making a big decision (또는 before you make a big decision).

6 It is essential to wear sunscreen even on cloudy days.

7 It is crucial to keep personal information secure online.

8 It is dangerous to walk alone in this area at night.

9 It is challenging to learn a musical instrument, but it's rewarding.

10 It is interesting to learn about different cultures.

11 It is advisable to double-check your work for errors.

12 It is crucial to communicate openly in a team.

UNIT 4 명사구 4 (to부정사의 의미상 주어)

Step 1

It is easy for you to say that.

유제 1 It is hard for me to say I'm sorry.

유제 2 It is smart of you to solve this problem.

유제 응용 It is quite smart of you to pass the test.

Step 2

1. It is important for you to prioritize your health.
2. It is unusual for him to be late for our meetings.
3. It is exciting for us to plan a trip together.
4. It is not easy for him to socialize with other people.
5. It is impossible for her to study all day.
6. It is exciting for them to share their experiences.
7. It is thoughtful of them to remember my birthday.
8. It is greedy of him to take all the money.
9. It is foolish of her to fall for that.
10. It is rude of you to interrupt her while she is speaking.
11. It is generous of you to donate to the charity every month.
12. It is wise of you to save money for unexpected emergencies.

UNIT 5 명사구 5 (의문사 + to부정사구)

Step 1

I forgot what to buy at the grocery store.

유제 1 We're wondering what to do this weekend.

유제 2 I don't know whom to invite to the party.

유제 응용 I don't know what to do and whom to ask.

Step 2

1. My real dilemma is what to wear to the party tonight.
2. We're trying to decide what to watch on Netflix.
3. The manager decided whom to promote this year.
4. He's learning how to manage his finances wisely.
5. The teacher is figuring out how to motivate her students.
6. I'm trying to understand how to operate this new software.
7. We're planning when to have the family reunion.
8. They're discussing when to launch the new product.
9. He hasn't decided yet when to propose to her.
10. She's figuring out where to buy organic fruits and vegetables.
11. They're considering where to build their dream home.
12. I'm researching where to invest my savings.

UNIT 6 명사절 1

Step 1

I know that you've been working hard recently.

유제 1 I think that the weather will be sunny tomorrow.

유제 2 She believes that everyone should be treated equally.

유제 응용 I think that these are tough times for everyone.

Step 2

1. He mentioned that the train was delayed.
2. I suggest that you take a break.
3. She feels that the decision was unfair.
4. I heard that the new restaurant downtown is excellent.
5. I insist that you let me pay for dinner tonight.

6 I remember that we met at a conference last year.

7 I appreciate that you helped me with my assignment.

8 I've learned that patience is a valuable skill.

9 I know that she's planning a surprise party for her mother's birthday.

10 I think that this book is worth reading.

11 I don't think that this is the best solution to our problem.

12 I don't think that we have enough time to finish all the tasks.

UNIT 7   명사절 2
Step 1

The problem is that this project has a tight deadline.

유제 1 The problem is that the store closes at 6 p.m. on weekends.

유제 2 The funny thing is that he wore the same outfit as me.

유제 응용 The funny thing is that I had the same thought earlier.

Step 2

1 The important thing is that you tried your best.

2 The important thing is that nobody got hurt in the accident.

3 The fact is that she's more experienced in this field.

4 The fact is that not everyone will agree with your decision.

5 The truth is that I've always wanted to be a writer.

6 The truth is that I've never traveled outside the country.

7 The point is that quality matters more than quantity.

8 The benefit is that members get a 20% discount.

9 The advantage of this method is that it saves a lot of time.

10 The charm of this place is that it feels like home.

11 The reality is that we need to adjust our budget.

12 The good news is that we can finish the project by tomorrow.

UNIT 8   명사절 3
Step 1

It is unbelievable that the same thing happened to me last week.

유제 1 It is annoying that my neighbor plays loud music late at night.

유제 2 It is important that we meet the deadline.

유제 응용 It is important that everyone arrives on time for the meeting.

Step 2

1 It is true that practice makes perfect.

2 It is clear that the climate is changing rapidly.

3 It is essential that we double-check the report.

4 It is obvious that he didn't prepare for the meeting.

5 It is too bad that the festival was canceled because of the rain.

6 It is surprising that I ran into my old friend in a different city.

7 It is likely that there will be traffic during rush hour.

8 It is strange that I can't find my keys anywhere.

9 It is a pity that the concert tickets sold out so quickly.

10 It is a miracle that no one was injured in the accident.

11 It is a mystery that the document disappeared from my desk.

12 It is a blessing that we have supportive friends and family.

UNIT 9 의문사가 이끄는 명사절 1

Step 1

I don't know who called while I was out.

유제 1 Do you know who left the door open?

유제 2 Do you know what happened at the meeting?

유제 응용 I don't know what made him upset at the meeting.

Step 2

1 I need to know who is in charge of this project.

2 Nobody knows who will be the next CEO.

3 She asked who was on the phone during the meeting.

4 Do you know who she talked to at the party?

5 She's not sure who she should trust in this situation.

6 My question is who made this decision.

7 I wonder what made her change her mind so suddenly.

8 Do you remember what song was playing when we first met?

9 Do you know what time it is?

10 I don't know what I'm doing now.

11 Do you know what he said during the meeting?

12 They're discussing what the best approach is.

UNIT 10 의문사가 이끄는 명사절 2

Step 1

I'm not sure when the next train arrives.

유제 1 He wants to know when the next flight to London is.

유제 2 I'm not sure where I'll do my photoshoot.

유제 응용 We need to plan when and where we'll do our photoshoot.

Step 2

1 I'll ask him when the best time to visit is.

2 I'm trying to find out when the movie starts.

3 I wonder when the new episode will be aired.

4 I want to figure out when the sale begins.

5 She's curious about when the event will take place.

6 Do you know where they went after the party?

7 I forgot where I placed my sunglasses.

8 He can't remember where he parked his car.

9 Can you tell me where the nearest gas station is?

10 She's researching where the best yoga studios are.

11 He can't recall when and where he heard that song.

12 I forgot when and where I'm supposed to meet him.

UNIT 11 의문사가 이끄는 명사절 3

Step 1

I wonder how she stays so motivated all the time.

유제 1 I'm curious about how they met each other.

유제 2 I'd like to know how they handle customer complaints.

유제 응용 I'm curious about how she handles stressful situations.

Step 2

1 I wonder how they always arrive on time despite the traffic jam.

2 Do you know how she earns her living?

3 I'd like to know how they built this impressive structure.

4 I'm trying to figure out how she styles her hair so uniquely.

5 I don't know why he moved to the countryside.

6   Do you have any idea why she quit her job?

7   I have no idea why my phone isn't being charged.

8   They're still debating why the project wasn't successful.

9   She asked me why I looked so tired today.

10 He's thinking about why his plan didn't work out.

11 It's still a mystery why they suddenly stopped talking to each other.

12 He wants to find out why his application was rejected.

CHAPTER 4 문장 수식하고 늘리기

UNIT 1 시간 접속사 1

Step 1

I'll call you when I arrive at the station.

유제 1 When the sun sets, we'll light the bonfire.

유제 2 She was cooking dinner when the phone rang.

유제 응용 Let's discuss this further when we meet tomorrow.

Step 2

1   She laughed as she read the funny message.

2   I love sitting on the balcony as the sun sets.

3   As we waited for the bus, we chatted about our weekend plans.

4   As the concert ended, everyone gave a standing ovation.

5   I always have a cup of coffee before I start my work.

6   You should always check the weather before you plan an outdoor event.

7   Before we begin the meeting, let's review the agenda.

8   Before you leave the house, make sure to lock the door.

9   We will go on a trip after the exams are over.

10 I always feel refreshed after I take a short nap.

11 After he graduated from college, he traveled around Europe for a year.

12 After she visited Paris, she fell in love with art.

UNIT 2 시간 접속사 2

Step 1

He is responsible for everything while he is in charge of this project.

유제 1 The children played outside while their parents were talking indoors.

유제 2 While I was cooking in the kitchen, I burned my finger.

유제 응용 I prefer to check my emails while I'm drinking my morning coffee.

Step 2

1   He'll send the files as soon as he's back in the office.

2   She'll join us for lunch as soon as she finishes her meeting.

3   As soon as the rain stopped, a rainbow appeared.

4   I knew it was a great opportunity as soon as I heard about it.

5   We have a team meeting whenever there's a big project.

6   She buys a book whenever she visits a new city.

7   Whenever the weather is nice, they go for a long walk.

8   Whenever I hear that song, I think of our college days.

9   I can't use my phone until it's charged.

10 I didn't realize it was late until the sun began to set.

11 We waited at the bus stop until the last bus arrived.

12 He didn't know the importance of the document until he lost it.

UNIT 3 조건 접속사
Step 1

If it rains tomorrow, we'll cancel the picnic.

유제 1 I'll buy that dress if it's on sale.

유제 2 You'll understand the concept better if you attend the workshop.

유제 응용 You'll see a big difference in your health if you exercise regularly.

Step 2

1. If you have any questions, please don't hesitate to ask.
2. If he calls, let him know I'm in a meeting.
3. If you see a blue folder on my desk, please hand it to me.
4. If you sign up now, you can get a 20% discount.
5. If you like the sample, we can start mass production.
6. If you give her a chance, she'll prove her worth.
7. She'll be upset if you don't attend her wedding.
8. Unless they apologize (= If they don't apologize), I won't speak to them again.
9. Unless you turn down the music, I'll call the landlord.
10. Unless the team cooperates, we won't achieve our goals.
11. Unless there's a good movie playing, I prefer to stay in.
12. He won't buy the car unless they offer a warranty.

UNIT 4 이유 접속사
Step 1

I prefer this brand because it offers a longer warranty.

유제 1 I'm saving money because I want to buy a new laptop.

유제 2 He left early because he had another appointment.

유제 응용 He walks to work every day because it's a good exercise.

Step 2

1. I took the day off because I wasn't feeling well.
2. Because he's allergic to cats, he always avoids my place.
3. Because the concert was postponed, we changed our plans.
4. Since they offered a good deal, I decided to renew my contract.
5. I always carry an umbrella since the weather here is unpredictable.
6. I stopped drinking coffee since it was affecting my sleep.
7. As we're running out of time, let's speed up.
8. As the CEO was traveling, the meeting was postponed.
9. We'll meet at the usual place as it's convenient for everyone.
10. Seeing that it's your birthday, we made a special cake for you.
11. Seeing that he's already read the book, I gave him a different one.
12. I didn't water the plants seeing that it was going to rain.

UNIT 5 양보 접속사 1
Step 1

Although I knew the truth, I didn't say anything.

유제 1 Although I was scared, I tried skydiving for the first time.

유제 2 Although it was raining, they decided to go for a run.

유제 응용 Although they lost the match, the team celebrated their effort.

Step 2

1. Although it's a popular tourist spot, I found it boring.
2. Although he drives every day, he doesn't like it.
3. Although I got up early this morning, I was late for work.
4. Although they live nearby, they seldom meet.

5 Though it's cold outside, I'm not wearing a jacket.

6 Though it's the middle of winter, flowers are blooming in her garden.

7 Though he's quite young, he's exceptionally wise for his age.

8 He's reading the book though he knows the story's ending.

9 Even though I'm a vegetarian, I cooked meat for my guests.

10 Even though I had the flu, I I finished the project on time.

11 Even though they argue sometimes, they're best friends.

12 She laughed at the joke even though she didn't understand it.

UNIT 6 양보 접속사 2

Step 1

No matter who calls, please tell them I'm in a meeting.

유제 1 No matter who joins our team, we treat them like a family.

유제 2 No matter who you are, everyone must follow the rules.

유제 응용 No matter who you ask, the answer will be the same.

Step 2

1 No matter who said it, it's important to verify the information.

2 No matter what happens, family comes first.

3 No matter what time I go to sleep, I always wake up at 6 a.m.

4 No matter what you decide, I'll support you.

5 No matter what I do, this computer keeps freezing.

6 No matter what they say, I trust your judgment.

7 No matter when you come, you're always welcome here.

8 No matter when she starts her work, she finishes it by the deadline.

9 No matter when you need me, just give me a call.

10 No matter where he goes, he always makes friends.

11 No matter where we move, we'll always stay in touch.

12 No matter how many times I explain, she doesn't seem to get it.

13 No matter how well you plan, there can always be unexpected changes.

14 No matter how busy I am, I always make time for (my) family.

15 No matter how much we argue, we always make up by the end of the day.

16 No matter which route we take, it's going to be a long drive.

17 No matter which outfit she chooses, she always looks fantastic.

18 No matter which way the stock market goes, he remains calm.

UNIT 7 분사구문 1

Step 1

Traveling around the world, they gathered countless memories.

유제 1 Shopping for groceries, I bumped into an old friend.

유제 2 Watching the kids play, she felt a sense of contentment.

유제 응용 Listening to music, I completed my workout.

Step 2

1 Taking a deep breath, he began his speech.

2 Talking on the phone, he almost missed his bus stop.

3 Feeling tired, I went to bed early last night.

4 Failing the test, she took the course again.

5 Having missed the morning train, he took a cab to work.

6 Having visited several doctors, he finally got a correct diagnosis.

7 Having saved enough money, she planned a long vacation.

8 Having skipped breakfast, he was starving by lunchtime.

9 Not knowing the truth, he believed the rumor.

10 Not finishing his work on time, he had to stay at work all alone.

11 Not remembering her password, she couldn't access her account.

12 Not hearing the announcement, he missed the important information.

UNIT 8   분사구문 2
Step 1

Exhausted from the workout, he fell asleep right away.

유제 1 Confused by the instructions, he asked for help.

유제 2 Motivated by his failures, he worked even harder.

유제 응용 Encouraged by his progress, he set even higher goals.

Step 2

1 Frustrated by the traffic, she decided to use public transportation next time.

2 Inspired by his journey, many people started following his footsteps.

3 Overwhelmed by emotions, he couldn't hold back his tears.

4 Tempted by the dessert menu, they ordered three different desserts.

5 Having been promoted recently, he decided to host a celebration dinner.

6 Having been invited to the party, she bought a new dress.

7 Having been raised in a multicultural environment, she speaks three languages fluently.

8 Having been trained rigorously, the team was confident.

9 Not influenced by trends, she has a unique style.

10 Not bothered by the noise, he could study in any environment.

11 Not invited to the conference, I spent the day working from home.

12 Not affected by the criticism, she continued her work with the same passion.

UNIT 9   분사구문 3
Step 1

Talking of books, have you read the latest bestseller?

유제 1 Talking of recipes, I found a great one for a lasagna.

유제 2 Judging from the feedback, our new product is a hit.

유제 응용 Judging from their reactions, the concert was a success.

Step 2

1 Considering the circumstances, that was the best decision.

2 Considering his age, he's achieved a lot.

3 Generally speaking, our customers are satisfied with our service.

4 Generally speaking, most plants need sunlight to grow.

5 Strictly speaking, he didn't break any rules.

6 Strictly speaking, that's not the official procedure.

7 Frankly speaking, I'm not impressed with the results.

8 Frankly speaking, I don't think that's the best idea.

9 Broadly speaking, the novel is about love and sacrifice.

10 Historically speaking, the town has a rich heritage.

11 Personally speaking, I don't like that idea.

12 Realistically speaking, it's a challenging target to meet.

My Favorite Hobby
- Gardening

Gardening is a wonderful activity that brings joy to many people.

In my backyard, there is a small garden filled with beautiful flowers and green plants.

I water the plants every morning to keep the garden healthy.

While watering, I often find myself lost in thought appreciating the beauty of nature.

One of my favorite tasks is planting new flowers.

I like choosing colorful blooms that attract butterflies and bees.

To create a welcoming space, I carefully arrange the flowers in different patterns.

Seeing the first blooms is always exciting.

It's a sight that brings a sense of accomplishment and happiness.

Sometimes, I invite friends to join me in the garden.

We enjoy planting seeds together and exchanging gardening tips.

For me, gardening is not just a hobby; it's a way to relax and connect with nature.

A small seed can grow into a beautiful flower with care.

Gardening is a rewarding pastime because it teaches patience and responsibility.

As such, I encourage everyone to try gardening and experience the joy it brings.

Making Sentences in English